改訂3版

Mental Health Management

メンタルヘルス・マネジメント® 検定試験

重要ポイント & 問題集

セルフケアコース
III種

日本メンタルヘルス講師認定協会
見波利幸、佐藤一幸 著

JN073467

日本能率協会マネジメントセンター

本書の内容に関するお問い合わせについて

平素は日本能率協会マネジメントセンターの書籍をご利用いただき、ありがとうございます。

弊社では、皆様からのお問い合わせへ適切に対応させていただくため、以下①〜④のようにご案内いたしております。

①お問い合わせ前のご案内について

現在刊行している書籍において、すでに判明している追加・訂正情報を、弊社の下記 Web サイトでご案内しておりますのでご確認ください。

https://www.jmam.co.jp/pub/additional/

②ご質問いただく方法について

①をご覧いただきましても解決しなかった場合には、お手数ですが弊社 Web サイトの「お問い合わせフォーム」をご利用ください。ご利用の際はメールアドレスが必要となります。

https://www.jmam.co.jp/inquiry/form.php

なお、インターネットをご利用ではない場合は、郵便にて下記の宛先までお問い合わせください。電話、FAX でのご質問はお受けいたしておりません。

〈住所〉 〒103-6009　東京都中央区日本橋 2-7-1　東京日本橋タワー 9F
〈宛先〉 ㈱日本能率協会マネジメントセンター　ラーニングパブリッシング本部　出版部

③回答について

回答は、ご質問いただいた方法によってご返事申し上げます。ご質問の内容によっては弊社での検証や、さらに外部へお問い合わせすることがございますので、その場合にはお時間をいただきます。

④ご質問の内容について

おそれいりますが、本書の内容に無関係あるいは内容を超えた事柄、お尋ねの際に記述箇所を特定されないもの、読者固有の環境に起因する問題などのご質問にはお答えできません。資格・検定そのものや試験制度等に関する情報は、各運営団体へお問い合わせください。

また、著者・出版社のいずれも、本書のご利用に対して何らかの保証をするものではなく、本書をお使いの結果について責任を負いかねます。予めご了承ください。

はじめに

　今、企業では、メンタルヘルスに向けた取り組みが急務になっています。職場でのストレスが年々増大している現状において、「心の病」が増加傾向であることを実感している人も多いのではないでしょうか。

　こうしたなか、2006年10月に大阪商工会議所主催の第1回「メンタルヘルス・マネジメント® 検定試験」Ⅰ種・Ⅱ種・Ⅲ種が実施されました。以来、受験者数も増加しており、関心の高さがうかがえます。

　Ⅲ種検定試験のテーマであるセルフケアは、メンタルヘルスケアのなかでも中心であり、基本的なケアです。セルフケアを学習することの重要性は、ますます高まってきています。

　本書は、初めてメンタルヘルスに触れる方でも理解できるように、公式テキストや試験問題に見られる学術的な言い回しを簡潔に整理しています。また、出題頻度の高いものを重点として網羅し、効率的に学習が進められるようにしています。そして、章末に実際の過去問題から選んだ確認問題を豊富に入れ、最終章に予想模擬問題も1回分載せています。

　また、2021年7月に公式テキストが改訂され、その改訂版に準拠した対策書として、本書も本文部分を全面的に見直し、各章末の過去問題および予想模擬問題も全体の改訂を行いました。検定試験への合格を確実なものとし、さらに、学習を通じて得た知識を自分と職場のために役立てるために、本書を活用していただくことを祈念しています。

　2021年8月

見波　利幸

『改訂3版 メンタルヘルス・マネジメント検定試験Ⅲ種（セルフケアコース）重要ポイント&問題集』

目次

第 1 章　メンタルヘルスケアの意義

第 2 章　ストレスおよびメンタルヘルスに関する基礎知識

第3章　セルフケアの重要性

第4章　ストレスへの気づき方

第**5**章　ストレスへの対処とストレス軽減の方法

第 6 章　社内資源の活用　社外資源の活用

第 7 章　メンタルヘルス・マネジメント検定試験Ⅲ種　模擬問題と解答・解説

メンタルヘルス・マネジメント® 検定試験は、大阪商工会議所の登録商標です。以下、本書では ® マークを省略します。

本書は、大阪商工会議所より許諾を得て、『メンタルヘルス・マネジメント® 検定試験公式テキストⅢ種セルフケアコース第5版』（株式会社中央経済社発行）をもとに、その副読本として作成されたものです。

メンタルヘルス・マネジメント検定試験の概要

メンタルヘルス・マネジメント検定試験とは

　大阪商工会議所および施行商工会議所によって実施され、対象別に３つの
コースが設けられています。

コース	I種 （マスターコース）	II種 （ラインケアコース）	III種 （セルフケアコース）
対象	人事労務管理スタッフ・経営幹部	管理監督者（管理職）	一般社員
目的	社内のメンタルヘルス対策の推進	部門内、上司としての部下のメンタルヘルス対策の推進	組織における従業員自らのメンタルヘルス対策の推進
受験料（税込み）	11,550円	7,480円	5,280円
受験資格	学歴・年齢・性別・国籍に制限はありません。		

※統一日に指定会場（札幌、仙台、新潟、さいたま、千葉、東京、横浜、浜松、名古屋、京都、大阪、神戸、広島、
高松、福岡）で実施。

メンタルヘルス・マネジメント検定試験の実施方法

「公開試験」と「団体特別試験」の２形式があります。

公開試験

　I種は年１回、II種・III種は年２回、統一日に指定会場で開催されます。
申込方法は以下のとおりです。

インターネットでの申込み

　メンタルヘルス・マネジメント検定試験センターの公式サイトから申込み
ができます。

　企業、団体、学校などに属する人を対象とした試験方法です。対象コースはⅡ種とⅢ種です。

　詳しくは、受験案内パンフレットや、メンタルヘルス・マネジメント検定試験センターの公式サイトに紹介されています。

公開試験の受験者数と合格率

　メンタルヘルス・マネジメント検定試験センター公式サイト（https://www.mental-health.ne.jp/）によると、2020年度までの過去6回（Ⅰ種は3回）の試験結果は、以下のとおりです。

〈第25回〉2018年11月4日（日）実施

コース	受験者（人）	実受験者（人）	合格者数（人）	合格率（%）
Ⅰ種（マスターコース）	2,077	1,642	332	20.2
Ⅱ種（ラインケアコース）	10,104	8,937	5,816	65.1
Ⅲ種（セルフケアコース）	5,055	4,528	3,870	85.5

〈第26回〉2019年3月17日（日）実施

コース	受験者（人）	実受験者（人）	合格者数（人）	合格率（%）
Ⅱ種（ラインケアコース）	11,663	10,227	4,980	48.7
Ⅲ種（セルフケアコース）	5,173	4,595	3,663	79.7

〈第27回〉2019年11月3日（日）実施

コース	受験者（人）	実受験者（人）	合格者数（人）	合格率（%）
Ⅰ種（マスターコース）	2,027	1,620	252	15.6
Ⅱ種（ラインケアコース）	11,088	9,936	4,302	43.3
Ⅲ種（セルフケアコース）	5,814	5,248	3,501	66.7

〈第28回〉2020年3月15日（日）※第28回公開試験は中止いたしました。

コース	受験者（人）	実受験者（人）	合格者数（人）	合格率（%）
Ⅱ種（ラインケアコース）	12,343	—	—	—
Ⅲ種（セルフケアコース）	5,982	—	—	—

〈第29回〉2020年11月1日（日）実施

コース	受験者（人）	実受験者（人）	合格者数（人）	合格率（%）
Ⅰ種（マスターコース）	1,571	1,276	272	21.3
Ⅱ種（ラインケアコース）	11,294	10,343	5,840	56.5
Ⅲ種（セルフケアコース）	5,516	5,046	4,361	86.4

〈第30回〉2021年3月21日（日）実施

コース	受験者（人）	実受験者（人）	合格者数（人）	合格率（%）
Ⅱ種（ラインケアコース）	12,113	10,686	7,285	68.2
Ⅲ種（セルフケアコース）	5,661	5,051	4,135	81.9

検定試験に関する情報、および問合せ先

●メンタルヘルス・マネジメント検定試験センター

［公式サイト］https://www.mental-health.ne.jp/

［TEL］06-6944-6141（土日・祝日・年末年始を除く 10：00 ～ 17：00）

［Mail］info@mental-health.ne.jp

Ⅲ種(セルフケアコース)試験の対策ポイント

Ⅲ種(セルフケアコース)試験の出題内容

　Ⅲ種試験の到達目標は、「自らのストレスの状況・状態を把握することにより、不調に早期に気づき、自らケアを行い、必要であれば助けを求めることができる」こととされています。

主な出題内容

①メンタルヘルスケアの意義

②ストレスおよびメンタルヘルスに関する基礎知識

③セルフケアの重要性

④ストレスへの気づき方

⑤ストレスへの対処、軽減の方法

出題範囲

　試験では、大阪商工会議所から発行されている公式テキストの内容と、公式テキストを理解したうえでの応用力が問われます。たとえば、公式テキストに記載されている統計調査について、発刊後の最新の結果（公表済みのもの）が出題されることなどもあります。

出題形式

　Ⅲ種試験は、マークシート方式で行われます。以下のような形式で出題されています。

・4肢のうち不適切な（または適切な）選択肢を1肢選択

・4肢の文章のうち適切なものを○、不適切なものを×として、○×を組み合わせた正しい選択肢を1肢選択

・短い文章の空白部分に当てはまる用語または数値を選択

制限時間	2時間
配点：合格基準	100点：70点以上の得点

Ⅲ種(セルフケアコース)の出題傾向と対策

「メンタルヘルス・マネジメント検定試験の概要」でも紹介しましたが、Ⅲ種試験の公開試験の合格率は、近年、70〜80％台となっていますが、決してやさしい試験とはいえません。対策としては、基本的な重要事項はもちろん、より詳細な部分も押さえ、いっそうの応用力が必要となります。

そのためには、公式テキストによる学習と本書によるポイントを確実に押さえることが効果的な学習となります。

出題の特徴

基本や重要ポイント、関連するキーワード、付随する詳細項目、数字、背景要因、考え方などから多く出題されています。また、それらを理解したうえでの応用力が試されます。傾向としては、文章表現に応用が加えられていたり、事例を通じて知識を応用させる出題が増えています。

今後も、いかに基本や重要ポイント、および関連した内容を理解し、応用力を発揮できるかが重要になるでしょう。

学習のポイント

公式テキストを一読すれば、試験範囲を把握しセルフケアに必要な考え方などを全体的に理解することができます。さらに、本書により、重要事項やポイントを確実に押さえて、知識の整理が図れます。

本書の各章末には、実際に出題された過去問題の選択肢を分解し、○×形式でチェックできる確認問題を豊富に載せています。あやふやな知識がないかを確認し、解説をしっかり理解することで、知識の定着を図ります（設問の文章で、どこが不適切であるのか正確に把握できるように下線で示しています）。

すべての過去問題に対して、正解がわかり、正しく間違いを指摘できるようになりましたら、本書の最終章の模擬試験で実力を試してみてください。すべての設問で適切・不適切を正確に指摘できるようになり、さらには、90％以上の得点が得られるように、本文と過去問題を適宜振り返って実力を高めてください。

第 1 章

メンタル
ヘルスケアの
意義

1 従業員のストレス

学習の
ポイント

ストレスや心の健康問題の現状を認識することは、セルフケアを進める
ための大切な動機づけとなります。ポイントとなる調査結果の特徴を理
解しましょう。

1 従業員のストレスの現状を理解しよう

▶過半数が仕事や職業生活に関するストレスを抱えている

　厚生労働省が行っている調査に「労働安全衛生調査」があります。「仕事や職業生活に関することで、強いストレスとなっていると感じる事柄がある」と回答した人の割合は、2018年の調査では58.0%です。就業形態別では、正社員61.3%、派遣労働者59.4%、契約社員55.8%、パートタイム39.0%の順になっています。

　原因は、男女ともに「仕事の質・量」「仕事の失敗、責任の発生等」「対人関係（セクハラ、パワハラを含む）」の割合が高くなっています。

　その他、男性では「役割・地位の変化等」「会社の将来性の問題」が、女性では「雇用の安定性」も多く回答されています。

▶9割以上の人が相談できる相手がいる

　仕事や職業生活に関するストレスを感じている従業員の「相談の状況」について、図表1-1にあげる特徴を押さえておきましょう。

▼ 図表1-1　相談の状況に関する特徴(2018年調査)

項目	男性	女性	特徴
相談できる相手がいる 92.8%	91.2%	94.9%	・女性が上回る。
相談する相手は「家族・友人」	77.8%	81.9%	・女性が上回る。
相談する相手は「上司・同僚」	80.4%	73.8%	・男性が上回る

2　従業員の心の健康問題の現状を理解しよう

▶ストレス過多の状態が続くと、心身の健康問題が生まれやすくなる

　2018 年の「労働安全衛生調査」によると、過去 1 年にメンタルヘル
ス不調により連続 1 か月以上休業した労働者がいたと回答した事業所は
6.7% です。50 人以上の事業所では 26.4% です。

　公益財団法人日本生産性本部の調査では、2000 年以降、上場企業の
多くで「心の病」が増加あるいは増加後横ばいを続けていることが推測
されます。2019 年の調査では、最近 3 年間で増加傾向にあると回答し
た企業は 32.0%、減少傾向にあると回答した企業は 10.2% でした。

　心の病を発症すると、ほとんどの例で作業効率が低下します。

重要ポイント

　▶五大疾病
　・2011 年に厚生労働省は職場のうつ病や高齢化に伴う認知症の増
　　加により、がん、脳卒中、急性心筋梗塞、糖尿病に**精神疾患**を加え、
　　「五大疾病」とする方針を打ち出した。

▶1998年以降、自殺者数が急増している

　警察庁の発表では、1998 年に自殺者が急増し、2011 年まで、14 年間
連続して 3 万人を超えていました。2012 年以降は減る傾向にあるもの

のまだ毎年2万人を超えています（2019年は20,169人）。

▶ **自殺の原因**
- 自殺は**さまざまな原因**からなる複雑な現象
  ⇒単一の原因だけで説明できない。
- 自殺直前に**精神健康面の不調**や**心の病**がみられる例が多い。

▶ **メンタルヘルスに関する指針にセルフケアの重要性が記載されている**

　職場でメンタルヘルスを推進するためには、職場で多く存在するストレス要因の軽減を図るなど、経営層や管理監督者の役割が重要です。これとともに、自らの健康の保持増進を図るセルフケアの取り組みも重要です。

▼ **図表1-2　職場のストレスと対応**

| 職場には、さまざまなストレス要因が存在するストレス要因が同じでも受けるストレスは違う | → | 従業員個人では改善することが困難なストレス要因が存在する | → | 経営者や管理監督者が軽減するための措置を計画・実施する |
| | → | 従業員一人ひとりがストレスから身を守るために実践できることも多い | → | 自らの健康の保持増進にはセルフケアの取り組みが不可欠である |

▶ **「労働者の心の健康の保持増進のための指針」**
・2006年3月に、厚生労働省が公表
・具体的な取り組みとして、「**セルフケア**」「ラインによるケア」「事業場内産業保健スタッフ等によるケア」「事業場外資源によるケア」の4つのケアを掲げている。

▶ **メンタルヘルス対策に取り組む事業所が増加**
・2018年「労働安全衛生調査」
⇒メンタルヘルス対策に取り組んでいる事業所は **59.2%**
　5年ほど横ばいの状態にある。
⇒従業員規模の大きい事業所ほど取り組んでいる割合が高い傾向。
⇒実施内容の上位
　①労働者のストレスの状況などの調査（ストレスチェック）
　　（62.9%）
　②労働者への教育研修・情報提供（56.3%）
　③事業所内の相談対応の体制整備（42.5%）
　④健康診断後の保健指導におけるメンタルヘルスケアの実施
　　（36.3%）
　多くはセルフケアの推進であり、セルフケアを充実させる傾向。

2 メンタルヘルスケアの方針と計画

メンタルヘルスケアを進めるためには、事業者による方針の表明と、事業所内での心の健康づくり計画の策定が必要です。それぞれのポイントを理解しましょう。

1 メンタルヘルスケアに関する方針の重要性を理解しよう

▶方針の表明により事業活動における位置づけを明確にする

　組織のトップがメンタルヘルスケアに関する明確な意思を表明することで、従業員は、活動に一定の時間を割くことができ、安心して取り組むことができます。

　事業活動における重要性、自分の評価との関係性を明確にすることは、業務に積極的に取り組もうとする従業員のモチベーションや業務の優先順位に影響します。

重要ポイント

▶**方針に盛り込むべき内容**
- ・メンタルヘルスケアの重要性の認識
- ・職場全体を巻き込む対策
- ・プライバシーへの配慮
- ・継続的実施

▶**関係するすべての人に周知することが重要**
- ・方針を確認して、事業者がメンタルヘルスにおいて何を大切にしているかを理解する。

2 心の健康づくり計画について理解しよう

▶心の健康づくり計画を策定する

　メンタルヘルスケアを行うためには、具体的に計画を策定し、その計画に沿って実施することが必要です。

▶心の健康づくり計画で定める事項を押さえる

　厚生労働省の「労働者の心の健康の保持増進のための指針」には、心の健康づくり計画で定める事項として、以下のものがあげられています。

①事業者がメンタルヘルスケアを**積極的に推進する旨の表明**に関すること

②事業場における心の健康づくりの**体制の整備**に関すること

③事業場における**問題点の把握**および**メンタルヘルスケアの実施**に関すること

④メンタルヘルスケアを行うために必要な**人材の確保**および**事業場外資源の活用**に関すること

⑤労働者の**健康情報の保護**に関すること

⑥心の健康づくり計画の実施状況の**評価**および**計画の見直し**に関すること

⑦その他、労働者の心の健康づくりに**必要な措置**に関すること

　2006年に発表されたこの指針は、ストレスチェックの義務化に際し2015年に改正されました。ストレスチェック制度の位置づけを心の健康づくり計画で明確にすることが望ましいとしています。

▶メンタルヘルスケアも既存の組織を利用して展開する

　他の安全衛生活動と同様に、メンタルヘルスケアは、既存の組織を利用することが有効です。

▶**心の健康づくりの体制の準備**

・**役割や手順**（実施項目や方法）を文書に定める。

・メンタルヘルスケアを実施できる**人材を育成**する。

　職場内でメンタルヘルスケアが継続的に展開されるためには、具体的な目標設定と具体的な計画の策定、そして、計画に沿った実施と評価を行うマネジメントシステムが必要です。

参考　マネジメントシステム

　マネジメントシステムとは、組織のトップが基本方針を明確に表明し、文書化や教育などの体制づくりと、目標の設定、計画、評価までを行い、基本方針を達成する一連の管理システムのことをいう。

　このマネジメント手法を労働安全衛生に適用したものが、労働安全衛生マネジメントシステム（OSHMS：Occupational Safety and Health Management System）である。

重要ポイント

▶**メンタルヘルスケアにおける従業員の役割**

・安全衛生委員会（または衛生委員会）やその他の対策を検討する機会に参画する。

・教育研修の機会を利用し、技術や知識を得てセルフケアに努める。ストレスチェックの結果をもとにセルフケアに努める。

・事業場でのメンタルヘルスケアの各種手順やルールを理解して、適切な対応をする。

▼ 図表1-3　メンタルヘルスに関する計画の策定、実施、評価の流れ

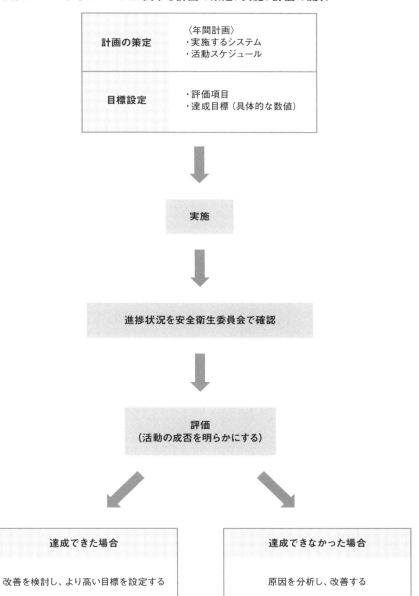

| 計画の策定 | 〈年間計画〉
・実施するシステム
・活動スケジュール |
| 目標設定 | ・評価項目
・達成目標（具体的な数値） |

実施

進捗状況を安全衛生委員会で確認

評価
（活動の成否を明らかにする）

達成できた場合	達成できなかった場合
改善を検討し、より高い目標を設定する	原因を分析し、改善する

○×チェック

次の記述のうち、適切と思われるものは○に、
不適切と思われるものは×に、それぞれ丸を付けなさい。

※下線部は補足修正

1. 職場には、個々の労働者の努力だけでは軽減させることが極めて困難なストレス要因が数多く存在するため、その対策を計画、実施することは経営層や管理監督者の役割といえる。〈第27回公開試験〉 （ ○　× ）

2. 「労働者の心の健康の保持増進のための指針」（厚生労働省、2006年、2015年改正）では、具体的な取組を4つに分類し、その一つとして、セルフケアを掲げている。〈第27回公開試験〉 （ ○　× ）

3. 職場において、労働者一人一人がストレスから身を守るために実践できることも多い。〈第27回公開試験〉 （ ○　× ）

4. 同じような仕事面のストレス要因があった場合、誰もが一様にストレスを受け、健康障害をきたす。〈第27回公開試験〉 （ ○　× ）

5. メンタルヘルスケアにおいて従業員は、安全衛生委員会やその他の対策を検討する機会に積極的に参画する。〈第29回公開試験〉 （ ○　× ）

6. メンタルヘルスケアにおいて従業員は、教育研修の機会を利用して、セルフケアについての技術や知織を得てセルフケアに努める。〈第29回公開試験〉 （ ○　× ）

7. メンタルヘルスケアにおいて従業員は、事業場に存在するメンタルヘルスケアにおける各種手順やルールを理解して、適切な対応をする。〈第29回公開試験〉 （ ○　× ）

8. メンタルヘルスケアにおいて従業員は、事業場におけるメンタルヘルスに関する方針を策定し、メンタルヘルスケアを積極的に推進する旨を表明する。〈第29回公開試験〉 （ ○　× ）

9. 「心の健康づくり計画」においては、メンタルヘルス対策を検討する機会に積極的に参画することは、メンタルヘルスケアにおける従業員の役割の一つである。〈第30回公開試験〉 （ ○　× ）

10. 「心の健康づくり計画」においては、メンタルヘルスケアが、職場内で継続的に展開されるためには、その体制・仕組みがシステムとして構築され、その実施が具体的な計画に盛り込まれ、計画に沿って活動が実施される必要がある。
〈第30回公開試験〉 (○ ×)

11. 「労働者の心の健康の保持増進のための指針」(厚生労働省、2006年、2015年改正)で、「心の健康づくり計画」で定める事項の一つに、「事業者による労働者に対する不利益な取扱いの防止に関すること」が挙げられている。〈第30回公開試験〉
(○ ×)

12. 「心の健康づくり計画」においては、メンタルヘルス計画における達成目標は、より具体的な数値を設定することが望ましく、例えば「"自分の職場は働きやすい環境である"と答えた従業員の割合が70%以上」といった内容が望ましい。
〈第30回公開試験〉 (○ ×)

解答・解説

番号	解答	解説
1	○	設問の通りです。
2	○	4つの取り組みは、「セルフケア」「ラインによるケア」「事業場内産業保健スタッフ等によるケア」「事業場外資源によるケア」です。
3	○	設問の通りです。
4	×	仕事面のストレス要因が同じようなものであったとしても、誰でも一様にストレスを受け健康障害をきたすわけではありません。
5	○	設問の通りです。
6	○	設問の通りです。
7	○	設問の通りです。
8	×	方針を策定し、積極的に推進する旨を表明するのは経営者の役割です。
9	○	設問の通りです。
10	○	設問の通りです。
11	×	「心の健康づくり計画」で定める事項には「事業者による労働者に対する不利益な取り扱いの防止に関すること」は含まれません。近いものでは「労働者の健康情報の保護に関すること」が含まれます。
12	○	設問の通りです。

第 **2** 章

ストレスおよび メンタルヘルスに 関する基礎知識

1 ストレスの基礎知識

**学習の
ポイント** ストレッサーやストレス反応などのストレスに関する基礎知識、ストレスに
よる健康障害のメカニズムを知ることは、セルフケアを行ううえでの動機
づけにとても大切です。

1 ストレスを理解しよう

　個人にとって心理的あるいは身体的な負担となるようなできごとや周
囲からの要請を**ストレッサー**といいます。

　そして、ストレッサーによって引き起こされる心理的反応、身体的反
応、行動面の反応（行動の変化）を**ストレス反応**といいます。ストレッ
サーとストレス反応を合わせてストレスと称しています。職場における
ストレッサー（ストレス要因）には、図表2－1のようなものがあります。

▼ **図表2-1　職場のストレッサー（ストレス要因）**

1. 仕事の質・量の変化（仕事内容の変化、長時間労働、IT化など）
2. 役割・地位の変化（昇進、降格、配置転換など）
3. 仕事上の失敗・過重な責任の発生（損害、ペナルティーなど）
4. 事故や災害の発生（自分や周囲のケガ、損害など）
5. 対人関係の問題（上司や部下、同僚との対立、いじめ、ハラスメント）
6. 交替制勤務、仕事への適性、職場の雰囲気、コミュニケーション、
   努力 - 報酬不均衡など
7. 新しい技術やシステム（在宅テレワークなど）の導入

（出典）大阪商工会議所編『メンタルヘルス・マネジメント検定試験公式テキスト[Ⅲ種セルフケアコース]第5版』中央経済社より。

2 ストレスによる健康障害のメカニズムを理解しよう

　神経伝達物質の産生や伝達が障害されると、うつ病や不安障害などのメンタルヘルス不調が生じます。
・怒りや不安を感じたときに動悸（どうき）がしたり、抑うつ気分のときに食欲がなくなるのは、感情と自律神経系が密接に関係している。
・ホルモンのうちアドレナリンは、強いストレス状態のときや不安を感じる状況で分泌される。

▼ **図表2-2　アドレナリン分泌による影響**

アドレナリンの分泌　→　・血圧や心拍数の増加　・血液凝固の促進　・中枢神経覚醒作用　→　・高血圧や狭心症　・心筋梗塞（こうそく）　・不整脈　・脳卒中　などの原因

　副交感神経は消化器の機能を調整しており、胃潰瘍（かいよう）や腹痛、便通異常を特徴とする過敏性腸症候群などの発生に関係しています。
・免疫系は、感染、ガンの発生などに関与している。
・持続的な慢性ストレス状態では、内分泌系、自律神経系の機能が亢進（こうしん）した状態になり、免疫系が抑制される。
　ストレッサーに直面すると、ストレス反応を軽減するための何らかの行動（**ストレスコーピング**）が引き起こされます。

▼ 図表2-3　ストレスによる健康障害のメカニズム

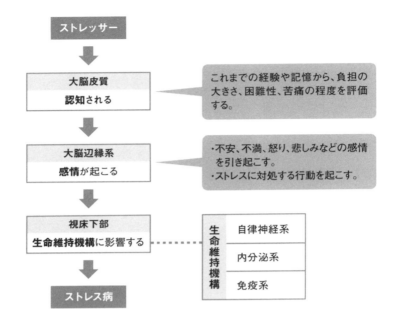

重要ポイント

▶**ストレス反応が強くなった場合**

　ストレス反応が強くなって固定化すれば、うつ病、高血圧、胃・十二指腸潰瘍、冠動脈疾患などの**ストレス病**が現れることもある。

▶**神経伝達物質**……ノルアドレナリン、ドーパミン、セロトニンなど。

　神経伝達物質は、**不安や抑うつ気分**、**意欲**、**活動性**などと密接に関係している。

▶**自律神経系**……交感神経と副交感神経

　・生命の危機などの強いストレッサーに直面したとき

　⇒交感神経系が優位

　・睡眠や休息時、食後のエネルギー補給のとき

　⇒副交感神経系が優位

自律神経のバランスが重要

自律神経

交感神経

・強いストレッサー
・生命の危機

副交感神経

・睡眠
・休息
・食後のエネルギー
　補給

2 産業社会と ストレス要因

ストレスを理解するためには、職場の環境や社会的背景を理解することが重要です。職業性ストレスモデルにより、何が疾病への進展に影響するのかを押さえておきましょう。

1 ストレスの増加と社会的背景を理解しよう

2020年に発生したコロナ禍の影響はまだ調査や統計には反映されていませんが、従業員のストレスは、図表2-4のような背景により増加しています。業務による精神障害の労災請求、認定件数は年々増加し、2019年度はそれぞれ2060件、509件でした。脳・心臓疾患（いわゆる

▼ 図表2-4　ストレス増加の背景

企業間競争の激化	急速な構造的変化に伴う労働環境の変化	従業員のストレス増加
・産業・経済の グローバル化 ・技術革新 ・情報化の推進 ・働き方改革の 推進	・企業内構造改革の推進、年功制や 終身雇用の崩壊 ・成果主義の導入、組織改革、マネジ メント強化 ・個人主義傾向があったり、対人関係 スキルが不足した新入社員の増加	**労働負荷が質的・量的に 増える傾向にある部門の例** ・情報関連 （システムエンジニア） ・研究開発部門 ・企画・管理部門、営業部門

ニューノーマルへの転換	コロナ禍での急激な労働環境の変化	従業員のストレス増加
・コロナ禍での ビジネス環境 の変化 ・ウィズコロナ、 ポストコロナ 時代に向けた 最適なマネジ メントの模索	・在宅テレワークの導入 ・オンラインツールの拡大による、働 き方、ビジネスのあり方の変化 ・業務管理や勤怠管理の難しさ	・自由な働き方の促進とコ ミュニケーションの低下 ・在宅での孤立感、生活環境 の乱れと生活習慣病の増加 ・家族のあり方の変化

過労死）の労災請求、認定件数はそれぞれ 936 件、216 件でした。

2　職業性（産業）ストレスを理解しよう

　米国立労働安全衛生研究所（NIOSH）が紹介するもっとも包括的な**職業性ストレスモデル**（図表 2-5）によると、職場環境や人間関係、仕事の質や量、将来性、仕事のコントロール、責任などさまざまな**仕事上のストレッサー**が心理的な負荷となります。**心理的な負荷を受けると**、心理的反応、生理的反応、行動化という**ストレス反応**が現れます。

　ストレス反応を放置したり、ストレッサーが強く、長期にわたって継続すると、個人のストレス耐性の限界を超え、**健康障害が発生**します。

　モデルから、さらに、この流れに影響するものとして、仕事以外の要因と個人的要因、緩衝要因があることがわかります。

　このモデルは職業性ストレスに関わる多くの研究に基づく仮説ですが、職場のストレスと疾病の関係を理解し、対策を進めるための参考になります。

▼ **図表2-5　米国立労働安全衛生研究所（NIOSH）の職業性ストレスモデル**

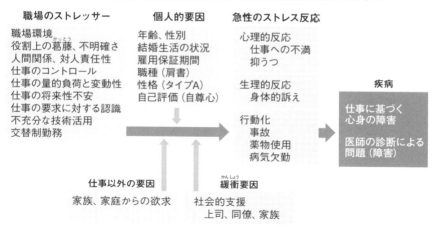

（出典）大阪商工会議所編『メンタルヘルス・マネジメント検定試験公式テキスト［Ⅲ種セルフケアコース］第5版』中央経済社より。

3 ハラスメントを理解しよう

　パワーハラスメント、セクシャルハラスメント、マタニティハラスメントなどのハラスメントに対して社会的関心が高まっています。

　労働施策総合推進法の改正（2019年改正、2020年施行）により、事業主に対して職場におけるパワーハラスメントの防止対策が義務付けられました。

　男女雇用機会均等法及び育児・介護休業法でもセクシャルハラスメントやマタニティハラスメントに係る規定の一部が改正されました（2019年改正、2020年施行）。従来のハラスメント防止対策の措置に加えて、相談を理由にした不利益な取り扱いの禁止、国や事業主及び労働者の責務も明確にされています。

参考　パワーハラスメントの定義

　「労働施策総合推進法 第30条の2」では、①優越的な関係を背景とした言動、②業務上必要かつ相当な範囲を超えたもの、③労働者の就業環境が害されるもの、この3つの要素を全て満たすものをパワーハラスメントと定義している。行われる行為は内容によって次の6つに分類される。

1. 暴行など「身体的な攻撃」
2. 暴言など「精神的な攻撃」
3. 無視など「人間関係からの切り離し」
4. 実行不可能な仕事の強制など「過大な要求」
5. 能力とかけ離れた難易度の低い仕事を命じるなど「過小な要求」
6. 私的なことに過度に立ち入る「個の侵害」

過去３年間にパワハラの相談を受けた企業は 36.3%、パワハラを受けた労働者は 32.5%、対策を行っている企業は 52.5%、であった。

効果の高い取組みとして、相談窓口の設置、管理職および一般職向けの研修を複数回実施することが報告されている。

マタニティハラスメントは、女性に対する妊娠・出産を理由にした解雇や雇止め、精神的・身体的なハラスメントを指し、セクシャルハラスメントとともに女性の活躍を阻害する要因になっています。

参考 | **セクシャルハラスメントに関する注意点**

「性的言動」には、性的な発言、性的な行動が含まれる。

・「性的言動」を行う者には、事業主、上司、同僚のほか、取引先の事業主やそこの従業員、顧客、患者やその家族、学校の生徒なども含まれる。

・男女とも、行為者にも被害者にもなりえる。異性だけでなく同性に対する言動も該当する。

・被害者の性的志向、性的自認に係らず「性的な言動」であれば該当する。

3 職業人としてのライフサイクルとストレス

年齢層別に、新入社員から高年齢労働者までの仕事のストレッサーと家庭から受けるストレッサーの特徴を理解することが大切です。

1 年齢層別のストレスを理解しよう

　新入社員や若年労働者、壮年労働者、中高年労働者や管理職、高年齢労働者には、図表2-6のようなストレスの特徴がみられます。

重要ポイント

▶ **就職後3年以内に転職、退職する新入社員の割合（2017年卒業）**
 ・厚生労働省「労働市場分析レポート（2020年10月）」では、**大卒者⇒約32.8%、高卒者⇒約39.5%**

▶ **若年労働者の一部で増えているメンタルヘルス不調の特徴**
 ・仕事上の役割や人間関係の問題で、簡単にメンタルヘルス不調に陥り、休業（休職）する事例が増加
 ・「**組織への帰属意識が希薄**」「**自己愛が強い**」「**自己中心的**」「**責任感が弱い**」「**協調性や忍耐力が乏しい**」「他人のせいにする**外罰的傾向がある**」「**人格的に未成熟である**」などの特徴
 ⇒生活指導のほか、帰属意識・役割意識の改善が重要

▼ 図表2-6　年齢層別のストレスの特徴

新入社員や若年労働者の特徴

仕事上のストレス

・人間関係や役割に伴う葛藤
・仕事の適性の問題
・給与や処遇に対する不満

家庭・プライベートのストレス

・親からの自立　・異性との交際

 影響 →

・メンタルヘルス不調に陥る。
・転職や退職が増加している。

壮年労働者の特徴

仕事上のストレス

・職場での第一線の担い手
・仕事の負担増による過重労働
・実務遂行と戦略立案、方向性指示の同時要求
　（ほとんどがプレイングマネジャー）

家庭・プライベートのストレス

家庭を持ち、家庭の役割を担う人が増える年代
※家庭のストレスと業務のストレスが相互に影響
（ワーク・ライフバランスが重要）

影響 →

メンタルヘルス不調や自殺の発生頻度が高い。

中高年労働者や管理職の特徴

仕事上のストレス

・指導的立場に就く人が増える年代
・業績への要求　・部下の管理監督への要求

家庭・プライベートのストレス

・心身の機能の衰え
　（体力、記憶力、新しい環境への適応力などの低下）
・家庭内での役割分担によるストレスの増大
　（子供の問題や親の介護など）

影響 →

メンタルヘルス不調や自殺の発生頻度が高い。

高年齢労働者の特徴

仕事上のストレス

・70歳までの就業機会確保（事業主の努力義務）
・就労意欲：先進国で日本が最も高い

家庭・プライベートのストレス

・体力の衰え、記銘力・想起力の低下
・流動性知能：40歳頃をピークに低下
・結晶性知能：80歳まで経験とともに上昇
・親の介護や親族の死、自分の持病

 影響 →

自分自身の心身両面での健康管理が重要

2 女性労働者のストレスを理解しよう

女性労働者のストレスは、大きく分けて3つあります。

重要ポイント

▶職場におけるストレス
- ・役割にともなう通常のストレス
- ・人間関係のストレス（セクシュアルハラスメント、パワーハラスメント、マタニティハラスメントなどを含む）
- ・キャリアストレス
- ・出産後の復職にともなうストレス
- ・非正規雇用などの雇用形態にともなうストレス

▶家庭におけるストレス
- ・家庭内の人間関係の問題（ワーク・ファミリー・コンフリクト、家庭内暴力やモラルハラスメントを含む）
- ・育児や介護ストレス

▶女性特有の生物学的特性にともなうストレス
- ・月経痛、月経前症候群、更年期障害
- ・出産にともなう精神的・身体的疲労、出産児のケア

ハラスメントと女性管理職問題に関しては対策は進みつつあるものの、依然として問題を抱えています。

▶セクハラ・マタハラに関する実態調査（厚生労働省の委託調査 2016 年）

⇒セクシャルハラスメント被害を経験した女性：28.9%

　正社員（34.2%）が契約社員（28.7%）より多い

⇒マタニティハラスメント被害を経験した女性：21.4%

　派遣社員（45.3%）が正社員（22.3%）や契約社員（13.2%）より多い

▶ 2020 年「男女共同参画白書」より

⇒民間企業の女性管理職の割合は 37.2%（部長級：6.9%、課長級：11.4%、係長級：18.9%）。課長級以上はまだまだ少ない。

参考　非正規雇用者のストレスを理解しよう

○「総務省の労働力調査」より（2020 年平均）
　⇒雇用者総数は、5,608 万人
　⇒正規雇用者は、3,579 万人
　⇒非正規雇用者は、2,079 万人
　⇒女性労働者のうち正規雇用者は 34.1%、非正規雇用者は 68.4%

○ 2012 年のインターネット調査より
　非正規雇用者でも失業者でも、現在の就業状況にかかわらず以下の要素がメンタルヘルスにとって重要である。
　・自発性の有無
　・ポジティブなキャリア感の有無

4 ワーク・エンゲイジメント

学習の ポイント ワーク・エンゲイジメントは、人間が持つポジティブな要素に注目する新しい考え方のひとつです。健康増進や生産性向上につながるキーワードとして注目されています。

1 ワーク・エンゲイジメントを理解しよう

以下の3つがそろった状態がワーク・エンゲイジメントです。
・「熱意」：仕事に誇りややりがいを感じている
・「没頭」：仕事に熱心に取り組んでいる
・「活力」：仕事から活力を得て活き活きしている
ワーク・エンゲイジメントの高ければ、心身が健康で生産性が高い状態で働くことができます。逆の状態がバーンアウト（燃え尽き）で、仕事に対する熱意が低下しています。

2 ワーク・エンゲイジメント高い人は健康でパフォーマンスが高い

ワーク・エンゲイジメントが高い人は以下の状態にあります。
①健康
　心身が健康で睡眠の質も高い
②仕事や組織に対する態度
　仕事に積極的にかかわる。職務満足感が高い。組織への愛着が高い。離職・転職への意思は低い。疾病による休暇の頻度は低い。
③パフォーマンス
　自己啓発や学習への意欲、創造性が高い。役割行動にも役割以外の行動にも積極的である。リーダーシップ行動が適切である。

3 ワーク・エンゲイジメントを高める要因を理解しよう

　ワーク・エンゲイジメントを高めるための枠組みのひとつに「仕事の要求度－資源モデル」があります。
　　・仕事の要求度：ストレス要因－仕事の量的負担や質的負担、身体的負担、対人葛藤、あいまいな役割など
　　・資源：①仕事の資源－裁量権、上司や同僚の支援、仕事の意義、組織との信頼関係などの職場の強み
　　　　　　②個人の資源－自己効力感、レジリエンスなどの個人が持つ強み

「仕事の要求度－資源モデル」は2つのプロセスから構成されます。
・動機づけプロセス：強みを活かしてワーク・エンゲイジメントを高めます。
　仕事の資源／個人の資源→ワーク・エンゲイジメント
・健康障害プロセス：ストレス要因が多く、バーンアウトになります。
　仕事の要求度→バーンアウト（ストレス反応）

　従来のメンタルヘルス対策では、「健康障害プロセス」に着目し、ストレス要因とストレス反応を減らし、健康障害を防ぐことに専念してきました。
　ワーク・エンゲイジメントに着目した考え方では、「仕事の資源」「個人の資源」の向上と同時に「仕事の要求度」を低減し、バーンアウトの減少も図ります。活き活きした職場づくりと従業員支援において、仕事の資源と個人の資源の向上がより重要になると考えられます。

5 メンタルヘルス不調 (うつ病)

職場でみられるメンタルヘルス不調のなかで、特に多いのがうつ病(うつ状態)です。メンタルヘルスケアを行ううえで、うつ病の症状やポイントを正しく押さえることが大切です。

1 メンタルヘルス不調を正しく理解しよう

メンタルヘルス不調は、精神疾患、行動障害(出勤困難、無断欠勤、人間関係やトラブル、多量飲酒など)という心の不健康状態の総称です。

2 うつ病(うつ状態)を正しく理解しよう

▶うつ病は日本では人口の1～3%にみられる疾病

うつ病は、ごく一部の特別な人がかかるというものではありません。また、社会適応のよかった人に起こる傾向があります。

重要ポイント

▶うつ病の発見
- うつ病の症状(図表2-7)が**2週間以上継続**し、毎日何気なく繰り返していた行為がつらくなってきた場合は、うつ病が疑われる。
- まず、全身倦怠感、頭重感、食欲不振などの身体症状が自覚されるため、本人は**「体の病気」**と考える傾向がある。
⇒そのため、診断が遅れ、重症化するケースもある。

▶うつ病の治療
- 休養と服薬による**心理的疲労の回復**が重要
- 症状に応じて、業務量の軽減、休職し自宅療養、入院治療など

▼ 図表2-7　うつ病の症状の特徴

不調の場面	特徴	
主な症状	憂うつな気分、不安感、おっくう感、倦怠感	
朝の不調	・朝早く目が覚める。 ・朝の気分がひどく重く憂うつである。	・朝刊をみる気になれない。 ・出勤の身支度がおっくうである。
仕事の不調	・特に午前中は仕事に取りかかる気になれない。 ・根気が続かない。 ・決定事項が判断できない。	・気軽に人と会って話せなくなる。 ・不安でいらいらする。 ・仕事を続ける自信や仕事の展望がもてなくなる。
生活の不調	・以前好きだったことがつまらなくなる。 ・昼過ぎ（夕方）までは気分が重く沈む。 ・「いっそのこと消えてしまいたい」と考えるようになる。	
身体の不調	・眠れない（眠った気がしない）。 ・疲れやすい。 ・だるい。 ・頭痛がする。	・食欲が低下する。 ・性欲が減退する。 ・口が渇く。

▼ 図表2-8　うつ病への対応の原則

対応の時期	原則
療養中	・休養と服薬による心理的疲労回復が治療の中心 ・業務から完全に解放されることが必要 ・多くの場合、数か月間（3～6か月）は自宅療養が必要
復職後	・最低6か月程度は通院・服薬を継続することが必要 ・上司からの支援などにより、ストレスを少しでも緩和する工夫が必要

重要ポイント

▶昨今の若年層を中心とした不調

・他罰的・衝動的で職業的役割意識が希薄なため、復職を急がず先延ばしにする傾向がある。

・従来のうつ病の「疲憊・消耗状態」とは異なり仕事に対する「士気阻喪（そそう）」が認められるため、漫然と長期間休養させることは、病態を慢性化させることもある。

6 うつ病以外の メンタルヘルス不調

学習の ポイント	職場でみられるメンタルヘルス不調には、うつ病以外のものもあります。それらの疾患の特徴や症状を把握することが大切です。また、対処の流れを理解したり、心の健康問題への誤解について認識することも重要です。

1 うつ病以外の疾患を正しく理解しよう

①統合失調症

10代後半～30代前半の若年者に発症しやすい疾患です。

〈統合失調症の特徴〉

・**陽性症状**……幻覚（幻聴や幻視など）、妄想、現実と非現実の区別がつかない、支離滅裂の思考などが現れる。

・**陰性症状**……コミュニケーション障害、意欲・自発性の欠如、引きこもり傾向などが現れる。

重要ポイント

▶**統合失調症の治療**

・陽性症状には**薬物療法が有効**だが、陰性症状には十分な**効き目が現れないこともよくある。**

・陽性症状が安定しても、陰性症状が**後遺障害として残りやすい**ため、仕事に就きながらの療養は難しい。

②アルコール依存症

飲み会での逸脱行為、飲み過ぎによる遅刻や欠勤などの問題行動がみられ、出勤時にアルコール臭がしたりします。

〈アルコール依存症の特徴〉

・精神依存　⇒　毎日飲まずにはいられなくなる。

・身体依存　⇒　アルコールが切れると、手が震える、冷や汗が出る、いらいらする、眠れないなどの症状が現れる。

▼ 図表2-9　アルコール依存症の発症例

付き合い程度に酒を飲む
（機会飲酒）

▼

回数が増え毎日飲む
（習慣飲酒）

▼

飲み過ぎて前日のことが思い出せなくなる
（ブラックアウト）

ブラックアウトが
たびたび起こるように
なると要注意！

　治療の基本は、断酒です。家族・職場の協力や、回復をめざす人のための自助グループである断酒会や AA（Alcoholics Anonymous：匿名アルコール依存症者の会）の利用が必要です。

③パニック障害

　動悸、めまい、息苦しさ、非現実感などの**突然起こる不安発作**が繰り返されるものです。

〈パニック障害の特徴〉

・身体検査でも、呼吸器系、循環器系、脳神経系などには明らかな異常所見は認められない。

・電車に乗ったり、人の多い場所に外出することが困難になる（外出恐怖、広場恐怖）。

▼ 図表2-10　パニック障害の心理

このまま死んでしまうのではないか
（怯えるほどの強烈な不安感）

また同じように発作が起こるのではないか
（予期不安）

▶**パニック障害の治療**
　・薬物治療を中心に治療法がある程度確立しているので、病気の経
　　過は比較的良好
　・経過が良好でも、服薬は**1年程度以上、継続して行うこと**が必要

④適応障害

　明らかなストレスを受けてから、**1〜3か月以内**に症状が出ます。不安、憂うつな気分、行為の障害（無断欠勤、けんか、無謀運転など）が現れ、仕事や日常生活に支障をきたします。

　ストレス状態が**解消されれば**、その後比較的速やかに**症状は消失**します。

〈適応障害の特徴〉

・軽度ではあるものの病的な反応を引き起こし得る強さのストレス要因が存在する

・ストレス要因に対する**個人の脆弱性や対処能力の問題**が推定される

・ストレス要因により生じているとされる症状は軽度である（他のいずれの診断基準も満たさない）が、正常域を超えた情緒的な障害または行為上の障害を現実に引き起こしている

・「ストレス要因の存在」→「個人の脆弱性・対処能力の問題」→「ストレス状態（情緒的障害または行為の障害、これらの障害による社会的機能の低下）」という一連の流れの間に因果関係が認められる（了解できる）

⑤睡眠障害

　睡眠の障害は、**脳の高次機能低下**（注意力、集中力、問題処理能力などの低下）を招き、ミスや事故の大きな要因となります。また、**身体疾患や精神疾患とも関連**しています。

　次ページの図表2-11のような種類と特徴があります。

不眠症

・週に3回以上眠れない状態が1か月以上にわたって継続する。
・本人が苦痛を感じたり、社会的(職業的)活動に支障をきたす。

過眠症

・日中に我慢できない眠気が襲い、通常では考えられない状況下
　で発作的に眠ってしまう。
・代表的なものに、**ナルコレプシー**(※)がある。
(※)強い眠気発作以外にも、情動脱力発作や入眠時幻覚を伴うことが多い。

概日リズム睡眠障害

・個人の睡眠覚醒リズムと、社会生活時間帯との大きなズレで生じる。
・時差症候群や交替制勤務による睡眠障害、**睡眠相後退症候群**(※)などがある。
(※)明け方にならないと眠れず、昼過ぎに起床する。

睡眠関連呼吸障害

・睡眠中の呼吸障害により発症する。
・代表的なものに、**睡眠時無呼吸症候群**(※)がある。
(※)睡眠中に、10秒以上換気量が50%以上低下する状態(低呼吸)が反復し
　　て認められる。

▶**不眠症の症状**

・入眠障害⇒眠ろうとしても30分〜1時間以上寝つけず、苦痛。

・中途覚醒⇒入眠した後に、何度も目が覚めてしまう。

・早朝覚醒⇒通常の起床より2時間以上前に覚醒し、その後入眠できない。

・熟眠障害⇒深く眠った感じが得られない。

▶**睡眠時無呼吸症候群の2つのタイプ**

・閉塞性タイプ⇒喉の構造異常や肥満により、気道が狭くなる。

・中枢性タイプ⇒呼吸運動機能自体に異常が出る。

⑥発達障害

近年、発達障害という言葉を職場のメンタルヘルス領域で耳にすることが多くなっています。職場での業務遂行において何らかの問題を引き起こしている代表的な発達障害に、注意欠如・多動症（ADHD）、自閉スペクトラム症／自閉症スペクトラム障害（ASD）があります。

▼ 図表2-12　注意欠如・多動症（ADHD）、自閉スペクトラム症／
　　　　　　自閉症スペクトラム障害（ASD）の特徴

注意欠如・多動症（ADHD）	自閉スペクトラム症/自閉症スペクトラム障害（ASD）
集中力や落ち着きがない 不注意によるミスや忘れ物が多い あまり考えず衝動的に行動する 行動や思考がせわしない 計画立案、スケジュール管理が苦手 段取りが苦手 片付けが苦手	雰囲気や相手の意図を読むことが苦手 比喩や言葉の裏を理解できない あいまいな指示を理解できない 得意なテーマでは会話が一方的になる 他人との距離がうまくとれない 視線を合わせることが苦手 表情の動きが少ない 予定の変更に柔軟に対応できない

- ▶ **就職後、軽症の発達障害が疑われる、診断される事例が増加**
- ▶ **ポジティブな観点での支援の検討が大切**
  - ・本人の長所や得意な分野を評価する。
  - ・個別でかつ具体的にアセスメントする

    「何ができて、何ができないのか」「どのようにサポートすれば特徴を活かし業務を遂行できるのか」
  - ・注意欠如・多動症（ADHD）

    好きなことに対する積極性やひらめきがあり、雄弁で行動的。
  - ・自閉スペクトラム症/自閉症スペクトラム障害（ASD）

    大切だと思うルールを守る実直さ。周囲に流されない強い意志。常識にとらわれないユニークな着想。得意分野での豊富な話題と職人的な高い能力。
- ▶ **自分の特性を知り活かせば社会で活躍できると考えることも大切**

注意欠如・多動症（ADHD）では薬物治療が有効な場合があります。

⑦ 心身症

身体疾患のうち、**発症や症状変化**と、**心理社会的因子**（ストレス要因）との間に、明らかな対応が認められるものを**心身症**といいます。

〈心身症の特徴〉

心身症には、目に見えるような異常と機能システムの異常があります。

- ・目に見えるような異常（**器質的障害**）⇒胃潰瘍（かいよう）や十二指腸潰瘍など
- ・機能システムの異常（**機能的障害**）⇒緊張型頭痛や過敏性腸症候群など

▶ 従業員にみられる主な心身症

- ・過敏性腸症候群

  ポリープやがんなどの病気ではないのに、腹痛をともなう下痢（げり）や便秘

などの症状が繰り返し出現する大腸の疾患。たとえば、プレゼンテーション前などストレスを感じる状況で下痢を起こしたりする。

・腹痛のほか、食欲不振、悪心・嘔吐、胸やけ、胸部不快感、頭痛・頭重、めまい、息切れ、不眠、易疲労感などが認められることもある
・遅刻や欠勤につながることもある

▼ 図表2-13　**過敏性腸症候群のタイプ**

タイプ	特徴
下痢型	大腸全体が微細に痙攣している状態
便秘型	・肛門に近い部位の大腸が強く収縮し、便の通過を妨げている状態 ・痙攣性便秘といわれる。
不安定型	下痢と便秘の交替型

・緊張型頭痛

　頭を締め付けられているような頭痛で、拍動性（脈打つようにズキズキする）の痛みではなく、連続性の痛みが特徴

・摂食障害

　食事や体重について常軌を逸したこだわりを示す。やせたいという強い願望や太ることに対する恐怖感が特徴的。思春期から青年期の女性に多くみられる。神経性食欲不振症と神経性大食症がある。

▼ 図表2-14　**摂食障害のタイプ**

神経性食欲不振症（拒食症）	神経性大食症（過食症）
・食事をとらなかったり、食べたものを吐いたり、下剤を乱用したりする。 ・活動性は高い。	・大量の食べ物を一気に食べ、直後に吐いたり下剤を乱用し体重増加を防ごうとする。 ・過食や嘔吐後は、自己嫌悪に陥り、気分がひどく落ち込むことも少なくない。

〈心身症に対する具体的な対策〉

　心身症は再発を繰り返して欠勤や遅刻として現れるもの、消化器系潰瘍や気管支喘息や、心筋梗塞など重篤な疾患として現れることもありま

す。そのため、ストレスとなり得る職場要因や緩衝要因を検討し、早い段階で直属の上司や産業保健スタッフなどに相談することが大切です。

2 メンタルヘルス不調の現れ方と対処を理解しよう

メンタルヘルス不調のサインとなる行動には、図表2-15のようなものがあります。

▼ 図表2-15　メンタルヘルス不調のサインとなる行動

不調のサイン	特徴	
パフォーマンス低下	・仕事の能率が低下する。	・仕事のミスやロスが増える。
勤務状況の悪化	遅刻・早退・欠勤が増える。	
対人関係のとり方の悪化	・挨拶や付き合いを避ける。 ・他人の言動を気にする。 ・態度が落ち着かずいらいらする。	・口数が少なくなる。または多くなる。 ・考え込むようになる。 ・わずかなことで腹を立てる、反抗する。

▼ 図表2-16　メンタルヘルス不調に気づいたときの対処の流れ

メンタルヘルス不調のサイン	→	〈以下について、検討と改善〉 ・業務や職場環境 ・勤務を含めたライフスタイル	→	〈不調が改善しない場合〉 ・上司、産業保健スタッフに相談 ・医療機関で医師に相談

3 心の健康問題に対する誤解があることを理解しよう

メンタルヘルス不調は、個人に素質があれば、軽度のストレスでも起きることがあります。強いストレス環境では、素質が少なくても起きることがあります。このような考え方を「脆弱性ストレスモデル」といいます。さまざまな誤解があることと、正しい考え方を理解しましょう（図表2-16）。また、生活習慣病と同様に、ストレスへの対処や生活習慣の改善によってメンタルヘルス不調の多くを防ぐことができます。

なお、人事院の「平成28年度国家公務員長期病休者実態調査」によると、国家公務員が2016年度に取得した1か月以上の長期病欠の原因の1位はうつ病などの精神疾患（65.5％）、2位は悪性腫瘍（9.7％）となっています。

▼ 図表2-17　心の健康問題に対する誤解と正しい考え方の例

誤解	正しい考え方
①メンタルヘルス不調は「気合が足りない人」「心の弱い人」など、特殊な人の問題という誤解	・メンタルヘルス不調は、特殊な人の心の病ではない。 ・将来的に自分がなるかどうかを予測することは不可能である。 ・自分を含めたすべての人に、なり得る可能性がある。
②メンタルヘルス不調は「治らない」「不治の病」という誤解	・WHO（世界保健機関）の「健康報告2001」では、「統合失調症は、さまざまな経過をたどるが、約3分の1は医学的にも社会的にも完全に回復する」と明記されている。 ・うつ病は、統合失調症以上の治療効果が期待できる。
③一部マスコミの不正確な事件報道による「メンタルヘルス不調は精神障害である」「メンタルヘルス不調者（＝精神障害者）は危険である」という漠然とした誤解	・精神障害者の割合は、日本では少なくとも人口の約2％を占める。 ・法務省の「平成30年犯罪白書」によれば、一般刑法犯の全検挙者に対して精神障害者が占める比率は1.3％にすぎない。
④睡眠を削って仕事をがんばるのは美徳という誤解	・睡眠を削って仕事をがんばることは、健康に悪いだけでなく判断力や集中力が低下し、さらに時間外勤務が増え、睡眠が減るという悪循環につながる（非効率、ハイリスク）。 ・1週間、4時間睡眠が続くとホルモン・血糖値に異常が生じる。2週間、4〜6時間続けると高次精神機能（認知、記憶、問題処理）が2日間眠っていない状態と同じになる。 ・一般的には2日間単位で12〜16時間の睡眠が必要。

4　障害者差別解消法と改正障害者雇用促進法を理解しよう

　2013年に障害者差別解消法と改正障害者雇用促進法が成立し、**精神障害者をめぐる労働環境が大きく変わりました。**

▶障害者差別解消法のポイントを理解する

　障害者差別解消法では、障害の有無によらず共に暮らせる社会の実現を目指しています。

- **▶障害者差別解消法**
  - ・不当な差別的取り扱い
    役所や企業の事業主が正当な理由なく障害者を差別する。
  - ・合理的配慮の提供
    障害者からバリアを取り除く対応を要求された場合、負担が過重にならない範囲での対応を公的機関や事業主が求められる。

▶障害者雇用促進法のポイントを理解する

　雇用関係での障害者差別禁止・合理的配慮の提供に関しては、障害者雇用促進法（2018 年改正）に委ねられています。

重要ポイント

- **▶雇用が義務付けられる障害者の範囲**
  - ・身体障害者・知的障害者
  - ・精神障害者（発達障害を含む精神障害者保健福祉手帳の所持者）（2018 年 4 月以降）
  - ・法定雇用算定率の引き上げ（2018 年 4 月以降）
- **▶雇用における障害を理由とする不当な差別的取り扱いの禁止**
  - ・不利な条件を課した採用　　・低い賃金の設定
  - ・雇用形態の変更の強制（または変更を認めない）
- **▶障害者と障害者でない者との均等な待遇の確保**
- **▶障害者の能力発揮の支障になっている事情を改善するための措置（合理的配慮の提供）**

　なお、上記の合理的配慮・差別禁止の対象となる精神障害者は、統合失調症、気分障害、発達障害などの様々な精神疾患により、長期にわたり職業生活に相当な制限を受ける状態にあるものとなります。

確認問題と解答・解説
○×チェック

次の記述のうち、適切と思われるものは○に、
不適切と思われるものは×に、それぞれ丸を付けなさい。

※下線部は補足修正

1. NIOSH（米国立労働安全衛生研究所）の職業性ストレスモデルでは、職業に伴う様々なストレッサーと、ストレッサーによって引き起こされるストレス反応と病気への進展を横軸としている。〈第27回公開試験〉　　　　　　（ ○　×　）

2. NIOSH（米国立労働安全衛生研究所）の職業性ストレスモデルでは、ストレス反応の過程に影響を与えるものとして、個人的要因、仕事以外の要因、緩衝要因、遺伝的要因の4つがある。〈第27回公開試験〉　　　　　　　　　　（ ○　×　）

3. NIOSH（米国立労働安全衛生研究所）の職業性ストレスモデルでは、個人的要因には、年齢、性別、雇用保証期間、職種（肩書）、自己評価（自尊心）などがある。〈第27回公開試験〉　　　　　　　　　　　　　　　　　　　（ ○　×　）

4. NIOSH（米国立労働安全衛生研究所）の職業性ストレスモデルに関して、このモデルは、職業性ストレスに関する膨大な研究報告を基にしてつくられた仮説である。〈第27回公開試験〉　　　　　　　　　　　　　　　　　　　（ ○　×　）

5. 睡眠より業務を優先することで、集中力、判断力が向上し、甚大な事故やミスを防ぐことができる。〈第27回公開試験〉　　　　　　　　　　　　　（ ○　×　）

6. うつ病は、人口の1 ～ 3%にみられる。〈第27回公開試験〉　　　　　（ ○　×　）

7. うつ病は、初期症状では全身倦怠感、食欲不振などの身体症状が自覚される。〈第27回公開試験〉　　　　　　　　　　　　　　　　　　　　　　（ ○　×　）

8. うつ病は、身体の病気と本人が考えて、診断が遅れて重症化することも多い。〈第27回公開試験〉　　　　　　　　　　　　　　　　　　　　　　（ ○　×　）

9. うつ病は、朝は快調で、疲れる夕方に不調であることが多い。〈第27回公開試験〉
　　　　　　　　　　　　　　　　　　　　　　　　　　　　　　　（ ○　×　）

10. ストレス状態で視床下部の神経細胞が活性化されると、自律神経系、内分泌系、免疫系に影響を与える。〈第29回公開試験〉　　　　　　　　　　　（ ○　×　）

11. ストレスによる健康障害のメカニズムにおいて、ストレッサーに直面すると脳の中の大脳皮質で評価され、その情報は大脳辺縁系に伝達され、不眠症、不安障害、うつ病などが引き起こされる。〈第29回公開試験〉 （ ○ × ）

12. 自律神経系には中枢神経系と末梢神経系があり、生命の危機などの強いストレッサーに直面すると中枢神経系が優位になり、アドレナリンの分泌が亢進する。〈第29回公開試験〉 （ ○ × ）

13. 障害者差別解消法では、「不当な差別的取扱い」をしないことを努力義務としている。〈第29回公開試験〉 （ ○ × ）

14. 改正障害者雇用促進法で2018年4月以降、企業に雇用が義務付けられている精神障害者の範囲は、発達障害を除く、精神障害者保健福祉手帳の所持者とされている。〈第29回公開試験〉 （ ○ × ）

15. 改正障害者雇用促進法では、事業主には、職場において、障害者と障害者でない者との均等な機会や待遇を確保すること、障害者の能力発揮に支障となっている事情を改善するための措置を講ずること（合理的配慮の提供）が義務付けられている。〈第29回公開試験〉 （ ○ × ）

16. 障害者差別解消法の「合理的配慮の提供」とは、公的機関や事業主が障害者から何らかのバリアを取り除くための対応が要望された場合、その全てに対応することである。〈第29回公開試験〉 （ ○ × ）

17. 心身症は、なかなか治らない気管支喘息としては現れない。〈第29回公開試験〉 （ ○ × ）

18. 心身症は、心筋梗塞など重篤な疾患として現れることがある。〈第29回公開試験〉 （ ○ × ）

19. 心身症は、慢性的な下痢や腹痛による欠勤や遅刻としては現れない。〈第29回公開試験〉 （ ○ × ）

20. 心身症は、直属上司を中心とした周囲からのサポート状態などの職場要因は背景になり得ない。〈第29回公開試験〉 （ ○ × ）

21. メンタルヘルス不調は、その人の病気へのなりやすさ（発病脆弱性）とストレスを引き起こす環境要件が複雑に絡み合って起こってくる。〈第30回公開試験〉 （ ○ × ）

確認問題と解答・解説
解答・解説

番号	解答	解説
1	○	設問の通りです。
2	×	ストレス反応に影響を与える4つの要因は、「個人的要因」「仕事以外の要因」「緩衝要因」と「職場のストレッサー」です。
3	○	設問の通りです。
4	○	設問の通りです。
5	×	睡眠を削って仕事をがんばることは、健康に悪いだけでなく判断力や集中力が低下し、さらに時間外勤務が増え、睡眠が減るという悪循環につながります（非効率、ハイリスク）。「睡眠を削って仕事を頑張るのは美徳」は誤解です。
6	○	設問の通りです。
7	○	設問の通りです。
8	○	設問の通りです。
9	×	うつ病の特徴のひとつに「朝の気分がひどく憂うつ」「出勤の身支度がおっくう」といった朝の不調があります。
10	○	設問の通りです。
11	○	設問の通りです。
12	×	自律神経系には交感神経系と副交感神経系があります。強いストレッサーに直面した時に交感神経系が優位になりアドレナリンの分泌が亢進されます。睡眠や休息時、食後のエネルギー補給時などに副交感神経系が優位になります。
13	×	障害者差別解消法では、「不当な差別的取扱い」を禁止しています。

番号	解答	解説
14	×	改正障害者雇用促進法で2018年4月以降、企業に雇用が義務付けられている精神障害者の範囲は、発達障害を含む、精神障害者保健福祉手帳の所持者です。
15	○	設問の通りです。
16	×	「合理的配慮の提供」とは、公的機関や事業主が障害者から何らかのバリアを取り除くための対応が要望された場合、その負担が過重にならない範囲での対応を求められます。
17	×	心身症の症状として、気管支喘息が現れることがあります。
18	○	設問の通りです。
19	×	心身症の症状として、コントロールが難しい慢性的な下痢や腹痛（過敏性腸症候群）が現れ、欠勤や遅刻につながることがあります。
20	×	重要な直属上司を中心とした職場の人たちからのサポート状態などを職場のストレス緩衝要因として改善することは重要です。
21	○	設問の通りです。これを「脆弱性ストレスモデル」といいます。

第 3 章

セルフケアの重要性

1 過重労働とメンタルヘルス

学習のポイント

メンタルヘルスケアを進めるために、事業者の安全配慮義務と、従業員の自己保健義務があります。特に、自己保健義務の内容や、心身の不調の早期発見・早期対処の重要性は押さえておきましょう。

1 過重労働がメンタルヘルスに与える影響を理解しよう

　日本では、職務範囲が限定されておらず、仕事が増えると誰かが補うのが当然という職場の雰囲気があり、職務範囲が広がり残業も増えるという傾向があります。また、生産効率や成果、能力よりも残業時間で評価されるという文化がありました。

　過重労働がどのようにして従業員の健康を害するかについては、どのステップに関しても**科学的には証明されていません**。

　しかし、過重労働は、睡眠不足を招くことにより、心身両面に健康障害を発生させやすくなります。従業員の身体的側面の健康管理だけではなく、過重労働など心理的側面に対しても、適切な予防活動が重要です。「精神障害の労災認定の基準に関する専門検討会」（厚生労働省）は長時間労働とメンタルヘルス不調との因果関係を認めました（2011年11月）。

図表3-1　過重労働が与える影響

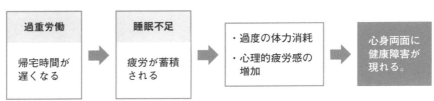

> **参考　過労死**
>
> 　一般に、「過度な労働負担が誘因となって、高血圧や動脈硬化などの基礎疾患が悪化、脳血管疾患や虚血性心疾患、急性心不全などを発症し、**永久的労働不能又は死に至った状態**」と説明されている（厚生労働省労働衛生課編『産業医のための過重労働による健康障害防止マニュアル』より）。
>
> 　2014 年 11 月には、過労死等への社会認知を高め、調査研究を行いながら過労死対策を推し進めることを目的に、過労死等防止対策推進法が施行された。

2　健康障害のメカニズムを把握しよう

　健康診断時に何らかの異常所見を指摘される従業員の割合は毎年上昇しており、2019 年には **56.6％** となっています。異常所見のなかでは、**血中脂質がもっとも高くなっており、脂質異常症に注意しなければなりません。**

　過重労働による健康障害のメカニズムは、図表 3 − 2 のとおりです。

▼ **図表3-2　長時間労働による健康障害のメカニズム**

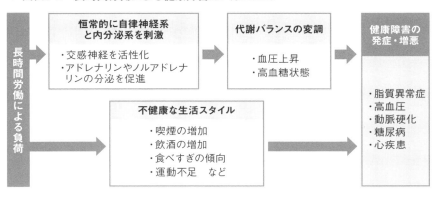

3 事業者の安全配慮義務を理解しよう

　事業者は、従業員の安全と健康を守らなければならず、その**責任を果たすための義務**として安全配慮義務（健康配慮義務）があります。

　安全配慮義務に関しては、2008年3月に労働契約法が施行され初めて明文化されました。「労働者の安全への配慮」として、「使用者は、労働契約に伴い、労働者がその生命、身体等の安全を確保しつつ労働することができるよう、必要な配慮をするものとする」とされています（第5条）。

4 従業員の自己保健義務を理解しよう

　従業員の安全と健康は、事業者による安全配慮義務だけで達成できるものではありません。**従業員自らも安全と健康に対してさまざまな義務を果たす**必要があります。これを自己保健義務といい、労働安全衛生法にも「労働災害防止義務」として示されています（第4条）。

重要ポイント

▶**労働安全衛生法に規定されている労働者の義務**

・**労働災害防止義務** ‥‥‥ 労働者は、労働災害を防止するため必要な事項を守るほか、事業者その他の関係者が実施する労働災害の防止に関する措置に協力するように努めなければならない。

・**健康診断の受診義務** ‥‥‥ 労働者は、事業者が行う健康診断を受けなければならない。

・**保健指導後の健康管理義務** ‥‥‥ 労働者は、通知された健康診断の結果および保健指導を利用して、健康の保持増進に努めなければならない。

・**健康の保持増進義務** ‥‥‥ 労働者は、事業者が講ずる措置を利用して、健康の保持増進に努めなくてはならない。

5 心身の不調の早期対処の重要性を理解しよう

　不調の原因について、自分で解決できた経験があれば、それを生かすことができます。自分では対処しきれない場合、相談して周囲の協力を得ることが大切です。

重要ポイント

▶**事業場内システムによる早期対処**

・産業保健スタッフ……産業保健スタッフを選任し、**健康診断**と**保健指導**を適切に行う。

・医師……**一定時間以上の時間外労働**を行った従業員に対しての面接指導や、ストレスチェック後の面接指導などを行う。

・事業者…従業員が希望すれば産業医と相談できることを周知する。

・管理監督者…労働者の安全・健康を確保する義務がある。

・職場…職場には「人間関係を通して体調不良に気づく」という面がある。日頃のコミュニケーションが大切。

▼ 図表3-3　**心身の不調の早期発見と早期回復**

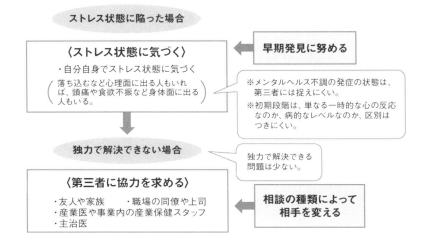

確認問題と解答・解説
○×チェック

次の記述のうち、適切と思われるものは○に、
不適切と思われるものは×に、それぞれ丸を付けなさい。

1. 過重労働（長時間労働）が、どのように関連して労働者の健康を害するのかということについては、全てのステップで科学的に証明されている。〈第27回公開試験〉
   （ ○ 　 × ）

2. 「精神障害の労災認定の基準に関する専門検討会（厚生労働省、2011年11月）」は、長時間労働とメンタルヘルス不調との因果関係を認めていない。
   〈第27回公開試験〉
   （ ○ 　 × ）

3. 過重労働（長時間労働）やストレスがあると、それへの対応として生体内では交感神経系が反応し、同時に内分泌系のアドレナリンやノルアドレナリンの分泌が亢進される。〈第27回公開試験〉
   （ ○ 　 × ）

4. 2014年11月に施行された「過労死等防止対策推進法」は、悪質な長時間労働など、労働基準関係法令に違反、または違反する疑いがある大規模事案や困難事案に対応することを目的としている。〈第27回公開試験〉
   （ ○ 　 × ）

5. 労働者には、健康診断を受診する義務及びその診断結果と保健指導を利用して健康の保持に努めるという自己保健義務がある。〈第29回公開試験〉
   （ ○ 　 × ）

6. 事業者は、健康診断の結果、特に健康の保持に努める必要があると認められた労働者に対して、医師又は保健師による保健指導を行うように努める義務がある。
   〈第29回公開試験〉
   （ ○ 　 × ）

7. 事業者には安全配慮義務があるとされているが、安全配慮義務という概念は判例法理として認められている概念にとどまり、法律上明文化されているわけではない。〈第29回公開試験〉
   （ ○ 　 × ）

8. 労働者には、事業者が実施する災害防止措置に協力するという労働災害防止義務が法的に定められている。〈第29回公開試験〉
   （ ○ 　 × ）

9. メンタルヘルス不調の初期の段階では、それが単なる一過性の心の反応なのか、すでに病的レベルの問題であるのかの区別はつきやすい。〈第30回公開試験〉

（　○　　×　）

10. 日常の職場において、管理監督者は労働者の安全と健康を確保する義務があることから、労働者の体調不良に気付くことが求められている。〈第30回公開試験〉

（　○　　×　）

11. ストレスの現れ方は、まず「気分が乗らない」「少し落ち込んでいる」などの気分の面に現れ、次に微熱や食欲不振などの身体面に現れる。〈第30回公開試験〉

（　○　　×　）

12. メンタルヘルス不調は独力で解決できる問題が多いので、第三者に協力を求めることは避けたほうがよい。〈第30回公開試験〉

（　○　　×　）

確認問題と解答・解説
解答・解説

番号	解答	解説
1	×	過重労働がどのようにして従業員の健康を害するかについては、どのステップに関しても<u>科学的には証明されていません</u>。
2	×	「精神障害の労災認定の基準に関する検討委員会」（厚生労働省）は、長時間労働とメンタルヘルス不調との因果関係を<u>認めました</u>（2011年11月）。
3	○	設問の通りです。
4	×	「過労死等防止対策推進法」（2014年11月）は、<u>過労死等への社会認知を高め、調査研究を行いつつ過労死防止対策を推進する</u>ことを目的にしています。
5	○	設問の通りです。
6	○	設問の通りです。
7	×	安全配慮義務に関しては、2008年3月に労働契約法が施行され初めて<u>明文化されました</u>。
8	○	設問の通りです。
9	×	初期段階は、単なる一時的な心の反応なのか、病的なレベルにあるのか、<u>区別はつきにくい</u>ものです。
10	○	設問の通りです。
11	×	必ずしも落ち込むなどの心理面に出るものではありません。頭痛や食欲不振など<u>身体面が先に出る人も</u>います。
12	×	独力で解決できる問題は少ないものです。<u>第三者</u>（友人・家族、上司・同僚、産業医・産業保健スタッフ、主治医など）に<u>協力を求める</u>ようにします。

第 **4** 章

ストレスへの気づき方

1 ストレスとは何か

学習の ポイント

ストレスに気づくことは、セルフケアにおいて欠かせないもっとも重要なことです。注意すべきリスク要因の内容や、仕事以外でのできごとによるストレスの強さを押さえておきましょう。

1 ストレスによるリスクを理解しよう

ストレスは、従業員の健康への影響だけではなく、従業員の仕事のモチベーションや職務生産性を低下させてしまう傾向があります。このため、経営的な観点からも懸案事項となります。

重要ポイント

▶職場におけるリスク要因
次の３つがあてはまるほど、従業員のストレスが高くなる。
・仕事で要求される度合いが大きい。
・自由裁量の度合いが小さい。
・社会的支援（ソーシャルサポート）(※) が得られない。
（※）第５章第２節参照。

厚生労働省の「心理的負荷による精神障害の認定基準」のなかから、現在あてはまるものや、今後発生しそうなものをチェックすることも大切です。

図表４−１のとおり、職場での心理的負荷となるできごとが、７つの類型に分類されています。ただし、できごとの受け取り方や、できごとの程度、ストレスの反応の出方には、個人差があります。

▼ 図表4-1　ストレスに関連するリスク（業務による心理的負荷評価表）

出来事の類型	平均的な心理的負荷の強度			
	具体的出来事	心理的負荷の強度		
		I	II	III
①事故や災害の体験	（重度の）病気やケガをした			☆
	悲惨な事故や災害の体験、目撃をした		☆	
②仕事の失敗、過重な責任の発生等	業務に関連し、重大な人身事故、重大事件を起こした			☆
	会社の経営に影響するなどの重大な仕事上のミスをした			☆
	会社で起きた事故、事件について、責任を問われた		☆	
	自分の関係する仕事で多額の損失が生じた		☆	
	業務に関連し、違法行為を強要された		☆	
	達成困難なノルマが課された		☆	
	ノルマが達成できなかった		☆	
	新規事業の担当になった、会社の立て直しの担当になった		☆	
	顧客や取引先から無理な注文を受けた		☆	
	顧客や取引先からクレームを受けた		☆	
	大きな説明会や公式の場での発表を強いられた	☆		
	上司が不在になることにより、その代行を任された	☆		
③仕事の量・質	仕事内容・仕事量の（大きな）変化を生じさせる出来事があった		☆	
	1か月に80時間以上の時間外労働を行った		☆	
	2週間以上にわたって連続勤務を行った		☆	
	勤務形態に変化があった	☆		
	仕事のペース、活動の変化があった	☆		
④役割・地位の変化等	退職を強要された			☆
	配置転換があった		☆	
	転勤をした		☆	
	複数名で担当していた業務を1人で担当するようになった		☆	
	非正規社員であるとの理由により、仕事上の差別、不利益取扱いを受けた		☆	
	自分の昇格・昇進があった	☆		
	部下が減った	☆		
	早期退職制度の対象となった	☆		
	非正規社員である自分の契約満了が迫った	☆		
⑤パワーハラスメント	上司などから、身体的攻撃、精神的攻撃等のパワーハラスメントを受けた			☆
⑥対人関係	同僚等から、暴行又は（ひどい）いじめ・嫌がらせを受けた			☆
	上司とのトラブルがあった		☆	
	同僚とのトラブルがあった		☆	
	部下とのトラブルがあった		☆	
	理解してくれていた人の異動があった	☆		
	上司が替わった	☆		
	同僚等の昇格・昇進があり、昇進で先を越された	☆		
⑦セクシュアルハラスメント	セクシュアルハラスメントを受けた		☆	

（出所）厚生労働省「心理的負荷による精神障害の認定基準」を一部改変。
（出典）大阪商工会議所編『メンタルヘルス・マネジメント検定試験公式テキスト［Ⅲ種セルフケアコース］第5版』中央経済社より。

2　ストレスの個人差を理解しよう

　ストレス要因は、業種や職種、職位など、**個人によって異なります**。あるできごとや状況が、その人のストレス要因となるかどうかは、その人がどのように受け取るかによっても違いが出てきます。

　たとえば、他者と同じストレス要因であっても、コーピング（第5章第3節参照）の取り方、その人の問題解決能力や対人関係スキルなどによっても、**ストレスの深刻度合いは変わってきます**。

▼ 図表4-2　ストレス要因と個人差

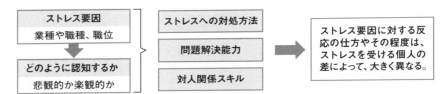

3　仕事以外のストレスを理解しよう

　心身の健康状態に大きく影響するものは、仕事上のストレスだけではありません。家庭や生活全般からも、さまざまなストレスを受けています。

　どのようなできごとがストレスとして影響しているのか、図表4-3のチェックリスト「社会的再適応評価尺度」から理解していきましょう。

　ワシントン大学精神科のホームズ（Holmes）らの研究から、精神疾患の発症とできごととの関係について、以下の特徴があげられます。

・発症以前に体験した生活上のできごとが精神疾患発症に深く関係する。

・できごとによる環境変化に適応できないほど、発症の危険性が高まる。

重要ポイント

　▶社会的再適応評価尺度の特徴

　ストレス値の高いできごとは、仕事以外のものが多く、上位は、配偶者の死、離婚、夫婦の別居など「家族との離別」が占めている。

▼ 図表4-3　社会的再適応評価尺度

順位	できごと	ストレス値	順位	できごと	ストレス値
1	配偶者の死	100	23	子どもの独立	29
2	離婚	73	24	親戚とのトラブル	29
3	夫婦の別居	65	25	自分の輝かしい成功	28
4	留置所などへの拘留	63	26	妻の転職や離職	26
5	家族の死	63	27	入学・卒業・退学	26
6	ケガや病気	53	28	生活の変化	25
7	結婚	50	29	習慣の変化	24
8	失業	47	30	上司とのトラブル	23
9	夫婦の和解	45	31	労働時間や労働条件の変化	20
10	退職	45	32	転居	20
11	家族の病気	44	33	転校	20
12	妊娠	40	34	趣味やレジャーの変化	19
13	性の悩み	39	35	宗教活動の変化	19
14	新しい家族が増える	39	36	社会活動の変化	18
15	転職	39	37	1万ドル以下の借金	17
16	経済状態の変化	38	38	睡眠習慣の変化	16
17	親友の死	37	39	家族団欒の変化	15
18	職場の配置転換	36	40	食習慣の変化	15
19	夫婦げんか	35	41	長期休暇	13
20	1万ドル以上の借金	31	42	クリスマス	12
21	担保・貸付金の損失	30	43	軽度な法律違反	11
22	職場での責任の変化	29			

(出典) 社会学者ホームズと内科医レイの調査 (1967年) より。

その後の日本での研究（2000年）でも「配偶者の死」が1位です。

参考	認知によるうつ尺度の違い

　否定的な出来事が発生した際、悲観的な物の見方をする傾向のある人は、楽観的な物の見方をする人よりも、うつ尺度の点数が高くなる傾向がある。

2 いつもと違う自分に 気づく

学習の ポイント　ストレスに気づくためには、心理・身体・行動の変化など、ストレス反応を把握しておくことが大切です。また、それぞれの変化の特徴も押さえておきましょう。

1 ストレス反応を理解しよう

　ストレスからの心身への影響は、個人差が大きいものです。しかし、強いストレスや長時間のストレスを受けると、**ストレス要因の種類に関係なく、心身に同様の反応（ストレス反応）が起きます**。

重要ポイント

▶**心理面の変化の特徴**
- ・「具合の悪さ」として体感されることが多い。
- ・気づいても対処の仕方が難しい。
- ・「こういう状態になっているのは、自分が性格的に弱いからだ」「自分がしっかりしていないからだ」と認知してしまうことが多い。

▶**身体面の変化の特徴**
- ・「具合の悪さ」として体感される。
- ・自分で気がつきやすい。

▶**行動面の変化の特徴**
- ・反応が異変として発生する可能性がある。
- ・周囲の人が気がつきやすい。
- ・出勤状態は客観的に把握しやすい。

反応の種類		反応の例
心理面の変化	急性反応	不安、緊張、怒り、興奮、混乱、落胆
	慢性反応	不安、短気、抑うつ、無気力、不満、退職願望
身体面の変化	急性反応	動悸、発汗、顔面紅潮、胃痛、下痢、振戦、筋緊張
	慢性反応	疲労、不眠、循環器系症状、消化器系症状、神経筋肉系症状
行動面の変化	急性反応	回避、逃避、エラー、事故、口論、けんか
	慢性反応	遅刻、欠勤、作業能率の低下、大酒、喫煙、やけ食い、生活の乱れ

(出典)岩田昇「主観的ストレス反応の測定」『産業ストレス研究』

2　自分自身で気づくポイントを知ろう

▶自分自身の内的な変化をとらえる視点が必要となる

「いつもと違う」ということをとらえるためには、今までの自分と現在の自分の変化をとらえることが大切です。外部の基準に照らし合わせたり、他者と比較して違いをとらえることではありません。

　自分自身で気づく変化として、図表4-5の変化を把握することがとても重要です。これらの変化が**2週間継続**する場合は、専門家に相談する**など実際の対処が必要**となります。

▼ 図表4-5　うつ病を疑うサイン（自分が気づく変化）

> ① 悲しい、憂うつな気分、沈んだ気分
> ② 何事にも興味がわかず、楽しくない
> ③ 疲れやすく、元気がない（だるい）
> ④ 気力、意欲、集中力の低下を自覚する（おっくう、何もする気がしない）
> ⑤ 寝つきが悪くて、朝早く目がさめる
> ⑥ 食欲がなくなる
> ⑦ 人に会いたくなくなる
> ⑧ 夕方より朝方の方が気分、体調が悪い
> ⑨ 心配事が頭から離れず、考えが堂々めぐりする
> ⑩ 失敗や悲しみ、失望から立ち直れない
> ⑪ 自分を責め、自分は価値がないと感じる　　　など

(出典)厚生労働省「うつ対策推進方策マニュアル」より。

3 ストレスチェックの方法

学習のポイント　信頼できるチェックリストを利用して、定期的にストレスチェックを実施することは、ストレスに気づくために有効な方法です。職業性ストレス簡易調査票の特徴を理解しましょう。

1 ストレスのセルフチェックを知ろう

　ストレスチェックの結果は、仕事の状況や職場環境、および健康状態によっても大きく左右されます。**定期的にチェックリストを利用して、自分の状況を確認**することも必要です。

　次項に、ストレスチェック制度で使用が推奨されている「職業性ストレス簡易調査票」の特徴をあげます。

2 職業性ストレス簡易調査票の特徴を知ろう

・調査票には、**自分で記入する。**

・**仕事上のストレス要因、ストレス反応、修飾要因**（上司や同僚、家族などから得られる社会的支援と満足感）が同時に測定できる。

・ストレス反応は、心理的反応だけではなく、**身体的反応も測定できる。**

・心理的ストレス反応は、ネガティブな反応だけではなく、**ポジティブな反応も評価できる。**

・あらゆる業種で使用できる。

・項目数が**57項目**で、**約10分**で回答できるため、負担がかからず簡便に使用できる。

▶**仕事のストレス要因の結果の特徴**

「仕事の負担度」
「仕事のコントロール度」
「仕事での対人関係」 ⇒ それぞれの要チェックの結果が多くなるに応じて、心理的ストレス反応と身体的ストレス反応も、要チェックの結果が多くなる。
「仕事の適合性」

　職業性ストレス簡易調査票は、うつ病などの精神疾患を診断するものではありません。また、そのほかにも以下の注意点があります。
・家庭生活などのストレス要因は測定していない。
・回答者のパーソナリティについては考慮されていない。
・調査時点のストレス状況しか把握できない。
・結果が常に正確な情報をもたらすとはかぎらない。

▶**セルフチェックの結果**
　・心配な点がある場合は具体的な対処につなげる。
　・自分では軽減できないストレス要因が継続している場合
　⇒上司への相談が必要
　・ストレス反応が大きく出ている場合
　⇒産業保健スタッフに相談する

参考　**新職業性ストレス簡易調査票**

　東京大学大学院医学系研究科精神保健学分野が運営する「事業場のメンタルヘルスサポートページ」では、新職業性ストレス簡易調査票が2012年4月より公開されている。自由に活用することができる。職場の一体感なども測定できる。

確認問題と解答・解説
○×チェック
次の記述のうち、適切と思われるものは○に、
不適切と思われるものは×に、それぞれ丸を付けなさい。

※下線部は補足修正

1. 心理的負荷による精神障害の「認定基準」では、「会社で起きた事故、事件について、責任を問われた」という出来事は、心理的負荷の強度Ⅲとなっている。
〈第27回公開試験〉　　　　　　　　　　　　　　　　　　　　　（ ○　　× ）

2. 心理的負荷による精神障害の「認定基準」では、「早期退職制度の対象となった」ことは、心理的負荷に含まれていない。〈第27回公開試験〉（ ○　　× ）

3. 心理的負荷による精神障害の「認定基準」では、「上司が替わった」ことは、心理的負荷に含まれている。〈第27回公開試験〉（ ○　　× ）

4. 強いストレスを抱えている労働者は、仕事のモチベーションが高い状態でもあり、所属する組織の経営には全く影響を及ぼさない。〈第27回公開試験〉（ ○　　× ）

5. 仕事で要求される度合いが大きく、自由裁量の度合いも大きく、社会的支援が得られない場合に最もストレスが高くなる。〈第27回公開試験〉（ ○　　× ）

6. 悲観的なものの見方をする傾向のある人は、楽観的なものの見方をする人よりも、うつ尺度の点数が高くなる傾向がある。〈第27回公開試験〉（ ○　　× ）

7. 同じストレス要因であれば、その人が「どう認知するか」によってストレスの強さは規定されるため、対人関係のスキルがあるかどうかは影響しない。
〈第27回公開試験〉　　　　　　　　　　　　　　　　　　　　　（ ○　　× ）

8. 職業性ストレス簡易調査票は、ストレスチェック制度において使用が推奨されている。〈第27回公開試験〉（ ○　　× ）

9. 職業性ストレス簡易調査票は、心理的ストレス反応では、ポジティブな反応も評価できる。〈第27回公開試験〉（ ○　　× ）

10. 職業性ストレス簡易調査票は、あらゆる業種の職場で使用できる。
〈第27回公開試験〉　　　　　　　　　　　　　　　　　　　　　（ ○　　× ）

11. 職業性ストレス簡易調査票を用いたストレスチェックは、回答者のパーソナリティは考慮されている。〈第27回公開試験〉 （ ○　× ）

12. 職業性ストレス簡易調査票を用いたストレスチェックは、調査時点のストレス状況しか把握できない。〈第27回公開試験〉 （ ○　× ）

13. 職業性ストレス簡易調査票を用いたストレスチェックは、必ずしもいつも正確な情報をもたらすとは限らない。〈第27回公開試験〉 （ ○　× ）

14. 職業性ストレス簡易調査票を用いたストレスチェックは、現行の職業性ストレス簡易調査票に新しい尺度を追加した新職業性ストレス簡易調査票は、職場の一体感なども測定できるようになっている。〈第27回公開試験〉 （ ○　× ）

15. 心理的負荷による精神障害の「認定基準」では、「セクシュアルハラスメントを受けた」という出来事は、心理的負荷の強度Ⅱとなっている。〈第29回公開試験〉 （ ○　× ）

16. 心理的負荷による精神障害の「認定基準」では、「1か月に80時間以上の時間外労働を行った」という出来事は、心理的負荷の強度Ⅱとなっている。〈第29回公開試験〉 （ ○　× ）

17. 心理的負荷による精神障害の「認定基準」では、「部下が減った」ことは、心理的負荷に含まれていない。〈第29回公開試験〉 （ ○　× ）

18. 心理的負荷による精神障害の「認定基準」では、「自分の昇格・昇進があった」という出来事は、心理的負荷に含まれている。〈第29回公開試験〉 （ ○　× ）

19. 職業性ストレス簡易調査票は、ストレス反応だけでなく、仕事上のストレス要因、ストレス反応、及び修飾要因が同時に測定できる。〈第29回公開試験〉 （ ○　× ）

20. 職業性ストレス簡易調査票は、ストレス反応では、心理的反応だけを測定できる。〈第29回公開試験〉 （ ○　× ）

21. 職業性ストレス簡易調査票は、項目数は30項目と少なく、職場で簡便に使用できる。〈第29回公開試験〉 （ ○　× ）

22. ストレスチェックで高ストレスの結果が出ているのであれば、そこから産業医等の産業保健スタッフに相談しても意味がない。〈第30回公開試験〉 （ ○　× ）

解答・解説

番号	解答	解説
1	×	「会社で起きた事故、事件について、責任を問われた」という出来事の心理的負荷は強度Ⅱです。
2	×	「早期退職制度の対象となった」という出来事の心理的負荷は強度Ⅰです。
3	○	設問の通りです。「上司が替わった」という出来事の心理的負荷は強度Ⅰです。
4	×	ストレスを抱えた従業員は仕事のモチベーションや生産性を低下させる傾向があります。経営にも負の影響を及ぼします。
5	×	次の3つが当てはまるほど、ストレスが高くなります。 ・仕事で要求される度合いが大きい。 ・裁量の自由度が小さい。 ・社会的支援(ソーシャルサポート)が得られない。
6	○	設問の通りです。
7	×	他者と同じストレス要因であっても、コーピングの取り方やその人の問題解決能力、対人関係スキルなどによってもストレスの強さは変わってきます。
8	○	設問の通りです。
9	○	設問の通りです。
10	○	設問の通りです。
11	×	職業性ストレス簡易調査票を用いたストレスチェックは、回答者のパーソナリティは考慮されていません。
12	○	設問の通りです。

番号	解答	解説
13	○	設問の通りです。
14	○	設問の通りです。
15	○	設問の通りです。
16	○	設問の通りです。
17	×	「部下が減った」ことは心理的負荷に含まれます。強度はⅠです。
18	○	設問の通りです。 強度はⅠです。
19	○	設問の通りです。
20	×	ストレス反応は、心理的反応だけでなく、身体的反応も測定できます。
21	×	項目数は57項目で、約10分で回答できるため、負担がかからず簡単に使用できます。
22	×	ストレス反応が大きく出ている場合は産業保健スタッフに相談することが大切です。

ストレスへの対処と
ストレス軽減の方法

1 ストレス状態の軽減方法

**学習の
ポイント** ストレスを軽減するために、休養と睡眠のほか、運動や食事の重要性
を理解することが必要です。また、リラクセーションも非常に有効な手段
ですので、種類と特徴を押さえておきましょう。

1 休養と睡眠の重要性を理解しよう

　休養がとれなかったり、睡眠不足が続くことにより、心身の健康に悪
影響を及ぼします。特に、不眠は、うつ病のリスクを高めてしまい、業
務に対してもさまざまな影響を与えるものとなります。質のよい睡眠を
とるように心がけましょう。

▼ 図表5-1　休養・睡眠の不足

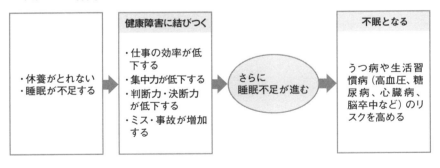

	健康障害に結びつく		不眠となる
・休養がとれない
・睡眠が不足する	・仕事の効率が低下する
・集中力が低下する
・判断力・決断力が低下する
・ミス・事故が増加する	さらに
睡眠不足が進む	うつ病や生活習慣病（高血圧、糖尿病、心臓病、脳卒中など）のリスクを高める

2 質のよい睡眠を得るための睡眠指針を知ろう

　快適な睡眠を得るために、厚生労働省から公表されている「健康づく
りのための睡眠指針」が参考になります（P.83 図表5-4）。
　また、快適な睡眠のために、次のことを心がけましょう。

①光

　朝の光を浴びるとメラトニンが生成され、14〜16時間後に身体に分泌されて眠気が生じます。毎日同じ時刻に起きることで睡眠の条件を整えます。

②体温

　人は眠りに入る過程で体温が約1度低下し、深い眠りに入ります。ぬるい風呂にゆっくり入り入眠前の体温を高めにすると、入眠時の体温変化が大きくなり、眠気が強くなります。

③自律神経系

　昼間は活動するために交感神経が優位になり、夜は休息するよう副交感神経が優位となります。

④寝室環境

　寝室が明るすぎる、暑すぎる、騒音があるなどは、入眠を妨げます。

▶**効果が現れない場合は専門家に相談する**

　うつ病では、早朝に目が覚めてしまいそれから眠れない、または、熟眠感が得られないなどの睡眠障害が起こります。P.83図表5-4の「健康づくりのための睡眠指針」を実践しても効果が現れない場合は、専門家に相談することも必要です。

▼ **図表5-2　効果が現れない場合**

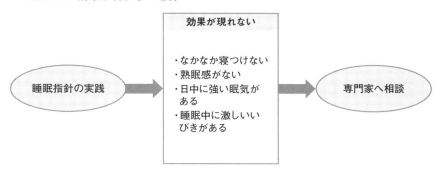

効果が現れない

・なかなか寝つけない
・熟眠感がない
・日中に強い眠気がある
・睡眠中に激しいいびきがある

睡眠指針の実践　→　専門家へ相談

交替制勤務は自然なリズムに反するため、不眠が生じやすいものです。

　P.83図表5-4「健康づくりのための睡眠指針」に加え、次の健康法も心がけましょう。

・夜勤の時間帯はできるだけ職場の照明を明るくする。

・夜勤シフトの2日前から遅くまで起きておくようにし、遅く寝る。

・夜勤明けの帰宅時にはサングラスで目に強い光が入らないようにする。

・寝室は雨戸や遮光カーテンなどで、できるだけ暗くする。

・勤務時間帯が変わった初日は、就寝時間まで仮眠をとらずに我慢して起きておく。

3　運動と食事の重要性を理解しよう

　さまざまな調査研究から、運動や食事が抑うつの予防に効果的であるという結果が出ています。そして、健康にも大きく影響していることが明らかになっています。

▼ **図表5-3　抑うつの予防**

運動	・ストレス解消法として有効 ・**抑うつの予防や軽度の抑うつのセルフケアに効果** ・寝つきをよくし、睡眠を深く、**睡眠時間を長くするのにも有効**
食事	・身体の健康だけではなく、心の健康にも大きく影響 ・ビタミンB・C群が必要（ストレスが加わると対抗するために分泌されるアドレナリンやコルチゾールの合成のため） ・カルシウム、マグネシウムは精神安定に効果

　ストレス時に必要な栄養素を多く含む食品は、以下のとおりです。

・ビタミンB群…豚肉、乳製品、レバー、納豆など

・ビタミンC群…野菜、果物など

・カルシウム……小魚、海藻類、乳製品など

・マグネシウム…ナッツ類、大豆など

▼ 図表5-4　健康づくりのための睡眠指針

1. 適度な運動、しっかり朝食、ねむりとめざめのメリハリを

①定期的な運動が効果的、激しい運動はかえって睡眠を妨げる

②朝食はからだと心のめざめに重要

③「睡眠薬代わりの寝酒」は睡眠を悪くする

④就床前の喫煙やカフェイン摂取を避ける

2. 睡眠による休養感は、こころの健康に重要

①眠れない、睡眠による休養感がない場合は、こころの SOS の場合あり

②睡眠による休養感がなく、日中も辛い場合、うつ病の可能性も

3. 年齢や季節に応じて、昼間の眠気で困らない程度の睡眠を

①自分にあった睡眠時間があり、8 時間にこだわらない

②年齢を重ねると睡眠時間は短くなるのが普通

③日中の眠気で困らない程度の自然な睡眠が一番

4. 良い睡眠のためには、環境づくりも重要

①自分にあったリラックス法が眠りへの心身の準備となる

②不快な音や光を防ぐ環境づくり、寝具の工夫

5. 目が覚めたら日光を浴びる

①目が覚めたら光を浴びて体内時計をスイッチオン

②夜更かしは睡眠を悪くする

6. 疲労回復・能率アップに、毎日十分な睡眠を

①日中の眠気が睡眠不足のサイン

②睡眠不足は結果的に仕事の能率を低下させる

③睡眠不足が蓄積すると回復に時間がかかる

④午後の短い昼寝でリフレッシュ

7. 眠くなってからふとんに入り、起きる時刻は遅らせない

①眠たくなってから寝床に就く、就床時刻にこだわりすぎない

②眠ろうとする意気込みが頭を冴えさせ寝つきを悪くする

③眠りが浅いときは、むしろ積極的に遅寝・早起きに

8. いつもと違う睡眠には要注意

①睡眠中の激しいいびき・呼吸停止、手足のびくつき・むずむず感や歯ぎしりは要注意

②眠っても日中の眠気や居眠りで困っている場合は専門家に相談

（出所）厚生労働省『健康づくりのための睡眠指針 2014』より一部改変
（出典）大阪商工会議所編『メンタルヘルス・マネジメント検定試験公式テキスト[Ⅲ種 セルフケアコース]第 5 版』中央経済社より

4 リラクセーションを理解しよう

　心身をリラックスさせることでストレス軽減を図るものとして、リラクセーションがあります。

　リラクセーションを行うときの共通的なポイントは、以下のとおりです。

・**楽な姿勢と服装**で行う。

・**静かな環境**で行う。

・イメージや音楽など**心を向ける対象**をつくる。

・**受動的態度**で行う。

　さまざまな方法がありますが、代表的なものは、呼吸法、漸進的筋弛緩法、自律訓練法などです。その他にも、音楽、ヨガ、アロマテラピーなどもありますが、自分に合うものをみつけて実践することが大切です。

▼ 図表5-5　**主なリラクセーションの方法とポイント**

主なリラクセーション	行うときのポイント
①呼吸法 　緊張したときは胸式呼吸になっているので、意識を呼吸に集中させ、深くゆっくり**腹式呼吸**をすることで、リラックスする。	①息を吐く(両手を重ねてお腹に置く) ②ゆっくり息を吸う ③ゆっくり息を吐く ④②③を繰り返す 最初は3分間を目標にし、徐々に長くできるようにする。
②漸進的筋弛緩法 　いきなり心の緊張を解くのは難しいので、**緊張した筋肉を解きほぐすことで、心をリラックス**させる。	・手・腕・肩などの筋肉に、しっかり力を入れ、緊張させる。 ・5〜10秒程度、筋肉を緊張させたまま維持する。 ・一気に力を抜き、弛緩させる。 ・弛緩させた気持ちよさ(リラックスした感じ)をしっかり味わう。
③自律訓練法 　**自己暗示の練習**によって、自律神経のバランスを整え、心と身体をリラックスさせる。	7つの公式すべてを実施しなくても、重感練習と温感練習まででも十分効果がある。 ①背景公式(安静練習)…「気持ちが落ち着いている」と暗示 ②第1公式(重感練習)…「両手両脚が重たい」と暗示 ③第2公式(温感練習)…「両手両脚が温かい」と暗示 姿勢は、仰臥姿勢、安楽椅子姿勢、単純椅子姿勢の3種類である。 治療法として実施する場合は専門家の指導のもと行う。 練習が終わったら必ず消去動作を行う。

5 認知行動療法を理解しよう

　認知行動療法は、「認知」と「行動」の両面から働きかけることにより、セルフコントロール力を高めて、ストレス、抑うつ、不安などの問題を改善する心理療法です。

重要ポイント

▶ **認知行動療法の基本的な考え**
- ストレスを個人を取り巻く環境における**ストレス状況と、そのストレス状況から生じるストレス反応に分ける**
- ストレス反応はさらに、「認知（思考）」、「気分（感情）」、「行動」、「身体反応」の４領域に分けて理解する
- この４領域は、互いに影響しており、ストレス状況をどう捉えるかという**認知が変われば、気分、行動、身体反応は変化する**

▶ **認知行動療法は科学的根拠に基づいて有効性が報告されており、今や心理療法の世界標準となっている**
- うつ病、不安障害（パニック障害、強迫性障害、社会不安障害など）、不眠などに適用
- イギリスやアメリカでは、うつ病と不安障害の治療ガイドラインで第一選択肢になっている

▼ **図表5-6　認知行動療法の基本モデル**

（出所）伊藤絵美『ケアをする人も楽になる認知行動療法入門book１』医学書院より一部改変
（出典）大阪商工会議所編『メンタルヘルス・マネジメント検定試験公式テキスト［Ⅲ種 セルフケアコース］第5版』中央経済社より

6 マインドフルネスを理解しよう

　生産性向上のために世界的な大企業がマインドフルネス瞑想を取り入れるなど、近年マインドフルネスへの関心が高まっています。

　マインドフルネスという語は、2500年以上前から仏教で実践されていた「いつも心が落ち着いた状態」「心をとどめておくこと」などを意味する用語の英訳です。1900年代中頃からの何度かの流行を経て、2000年代に入ると東洋の思想への関心の高まりもありマインドフルネス瞑想は再び注目されるようになっています。心理療法や社員研修にも取り入れられています。

　マインドフルネスでは、瞑想をとおして「今、ここ」のあるがままの現実に意識を向け、「どうしてあんなことを言ってしまったのだろう」「またうまくいかないかもしれない」などの否定的な思考や感情と距離をとり、思考や感情を俯瞰してとらえるようになることを目指します。そうすれば否定的な考えや感情にも冷静に対処し行動できるようになります。

　マインドフルネスを実践するための瞑想には2つの技法があります。

①集中瞑想

「今、ここ」に注意をとどめるための集中力を育む瞑想です。ある対象を用いて、そこに意識を集中します。例えば呼吸を対象にして瞑想しているときに、呼吸から注意がそれたことに気づいたら再び呼吸に注意を戻します。これを繰り返すことで、特定の対象に意識をとどめることができるようになります。

②洞察瞑想

　今この瞬間の経験に"気づいている"ための平静さを養う瞑想です。特定の対象を用いるのではなく、今この瞬間に生じている経験（思考や感覚など）が現れては消えていく様に気づくことの訓練です。どんな経験であっても穏やかな落ち着いた心理状態でいる平静さを養います。

参考 精神医学・臨床心理学での活用

　マインドフルネスストレス低減法（MBSR：Mindfulness-based stress reduction）は、1970年代に米国のジョン・カバット・ジンが開発したプログラムである。以降、マインドフルネスは心身医学の分野で活用されるようになった。

　その後、BMSRと認知療法を組み合わせて再発性うつ病に適用するマインドフルネス認知療法（MBCT：Mindfulness-based cognitive therapy）や、心理学的な介入法としてのアクセプタンス＆コミットセラピー（ACT）など、マインドフルネスは精神医学や臨床心理学に活用されるようになっている。

2 ストレス緩和要因

**学習の
ポイント**

ストレスを軽減するためには、サポートを得ることが必要です。ソーシャル
サポートの重要性をしっかり理解し、ソーシャルサポートの内容と充実の
させ方を覚えておきましょう。

1　ソーシャルサポートを理解しよう

　労働安全調査（厚生労働省 2019 年）によると、労働者の 77.5% が上司・
同僚を、79.6% が家族・友人を相談相手としています。何か困ったとき
に受ける社会的な支援のことをソーシャルサポートといいます。身近な
人に相談に乗ってもらうことはもちろん、会社の相談窓口や公的な相談
機関からの支援、融資、会社の福利厚生的な援助などもソーシャルサポ
ートです。

　ソーシャルサポートには、主に 4 種類があります。

①**情緒的サポート**

　相談に乗る、励ます、慰める、見守る、受容する、共感的な理解を示
すなどがあります。周囲の人が**情緒を安定させるような**精神的サポート
です。スポーツ大会での声援はやる気を起こさせる情緒的サポートです。

②**情報的サポート**

　助言やアドバイスを与える、困難を予測する、専門家を紹介するなど
があります。**問題解決に役立つ情報を与える**サポートです。

③**道具的サポート**

　効率的に進める、共同で作業にあたるなどがあります。**実際に手助け
する**サポートです。

④**評価的サポート**

仕事のフィードバックを与える、適切に評価をするなどがあります。**自信や自己評価を高める**サポートです。

2 ソーシャルサポートを活用しよう

職業性ストレス簡易調査票（厚生労働省作成）では、上司や同僚の他、配偶者など職場以外の人もソーシャルサポート源としています。また専門家によるサポートもメンタルヘルス不調の予防につながります。

▼ **図表5-7　サポートとメンタルヘルス**

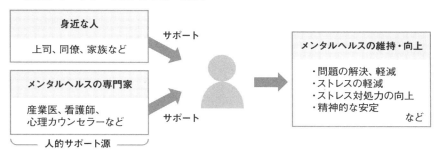

同じような境遇にある人たちと相談し合ったり、体験を教えてもらったりすることも有効です。つらく悲しいできごとでも、共有体験者をもつことは強い心の支えになり希望ももてることが多いのです。

また、会社などの組織への所属感は、物的サポート源として情緒的な安定をもたらします。

3 ソーシャルサポートを自己点検しよう

ソーシャルサポートを活用するためには、どのくらいソーシャルサポートを所有しているかが重要となります。

次ページの図表5-8の「ソーシャルサポートの乏しさを示す社会的孤立のサイン」を確認してみましょう。**あてはまる数が多いほど、ソーシャルサポートが少ない可能性**がありますので、メンタルヘルスの維持・向上のために充実を図ることが必要です。

▼ 図表5-8　ソーシャルサポートの乏しさを示す社会的孤立のサイン

・ときどき世界でひとりぼっちの感じがする。 ・望むほどには、友人に招かれて外出することがない。 ・よく孤独感を感じる。 ・頼れる友人を見つけることは困難だ。 ・親しくしていても、なかなか友人にはなれない。 ・今の生活で、友好的な雰囲気を楽しめる機会はない。 ・他の人を頼りにできるほどのつながりはない。 ・人は親切で援助的だとは思えない。 ・友人を訪ねることにためらいがある。

(出所) Jerrold S. Greenberg 著　服部祥子・山田冨美雄監訳『包括的ストレスマネジメント』医学書院より一部改変。
(出典) 大阪商工会議所編『メンタルヘルス・マネジメント検定試験公式テキスト[Ⅲ種 セルフケアコース]第5版』中央経済社より。

4　ソーシャルサポートの充実を図ろう

　ソーシャルサポートの充実には2つのアプローチがあります。人的環境面を整えること、個人的特性を整えることです。

▼ 図表5-9　ソーシャルサポートの充実

人的環境面を整える	個人的特性を整える
・相談できる上司、同僚を増やす。 ・精神的に安らぎが得られる家庭をつくる。 ・メンタルヘルスの専門家と親しくなる。	普段からソーシャルサポートを得やすいように努力する。 ・人見知りせず、困っている気持ちや困っていることを素直に表現する。 ・普段から、自分の考えや思いを他者に伝えるようにする。

重要ポイント

▶ **ソーシャルサポートを充実させるための考えや行動**

・サポートは**ギブアンドテイク**であり、自分も相手のサポート源に
なる。

・**4 つのサポートのどれを得られているか**を人物別に把握し、大切な
人であることを認識しておく。

・サポートしてほしい人には、**自分からアプローチ**を行う。

・サポートを得るためといって、**無理はしない**。他者と打ち解ける
のが苦手な人は、無理せず徐々に関係を作る。

・サポートに頼りきらず、**自分でも問題解決に向けた努力**をする。

▶ 充実を阻害する考え方をもたない

　ソーシャルサポートの充実を阻害する考え方をしていると、サポート
が得られにくくなります。図表5-10 にあてはまる項目があれば、改善
していきましょう。

▼ **図表5-10　ソーシャルサポートの充実を阻害する考え**

・人の助けを求めることは恥だ。

・弱音を吐くのは絶対よくない。

・人は本来孤独だ。

・人や組織を信用しては裏切られることが多い。

・人づきあいはわずらわしいだけだ。

・挨拶や愛想などは仕事の本筋でない。

・仕事さえきちんとこなせればよい。

・困ったときは、いつでも誰にでも助けを求めたらよい。

・自分はサポートされる立場でよい。

・自分には能力がない。

・自分ひとりでは何もできない。

(出典) 大阪商工会議所編『メンタルヘルス・マネジメント検定試験公式テキスト［Ⅲ種 セルフケアコース］第5版』中央経済社より。

3 ストレス要因への対処法

**学習の
ポイント** ストレスに対処するためには、必要なコーピングをとらなければなりません。コーピングの種類と実践の仕方、および、コーピングスキルの向上のさせ方を押さえておきましょう。

1 コーピングを理解しよう

ストレス対処行動のことをコーピングといいます。ストレス要因の除去や低減、ストレス反応の低減などの行動があり、メンタルヘルスの維持・向上にはなくてはならない大切な行動です。

▶ストレス要因に対するコーピングを行う

ストレス要因がなければ、ストレスにはなりません。ストレス要因をできるかぎり除去するため、**問題焦点型コーピング**が必要となります。

問題が発生したときに、その**問題の解決を図る**ことは、非常に重要です。また、ストレス要因となる刺激について、「いやだ」「つらい」と受け取らないことも効果的です。

いやな仕事は早く片づけたり、何も考えず思い切ってやってみる、大量の作業は手伝ってもらうことなども、効果的な方法です。

▶ストレス反応に対するコーピングを行う

ストレス反応には、情動的な興奮と、身体的な興奮があります。興奮を除去するため、**情動焦点型コーピング**を行います。

いらいらや怒り、不安や焦りなどの**情動的な興奮**は、リラクセーション（ヨガ、アロマテラピー、**漸進的筋弛緩法**、**自律訓練法**など）が役立

ちます。また、筋肉の緊張、心拍の増加などの**身体的な興奮には、運動**（身体活動）が有効です。特に、身体的興奮を発生させるコルチゾールを消費する有酸素運動が効果的です。

2 コーピングを実践しよう

さまざまなコーピング法を知り、ストレス要因の内容によって**コーピングを選択する**、または、**コーピングを組み合わせる**ことが必要です。いつも同じコーピングばかり選択しないことです。例えば、酒で憂さを晴らすというコーピングばかりでは、アルコール依存症になる可能性があります。

▼ **図表5-11　コーピングのくせと悪い影響**

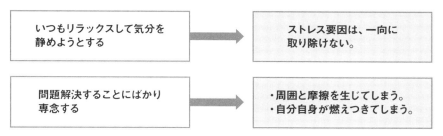

| いつもリラックスして気分を静めようとする | → | ストレス要因は、一向に取り除けない。 |
| 問題解決することにばかり専念する | → | ・周囲と摩擦を生じてしまう。
・自分自身が燃えつきてしまう。 |

3 コーピングのスキルを向上させよう

コーピングは、会社や家庭、地域など、**あらゆる場面で実践すること**ができます。また、コーピングスキルを上げるためにも、**何よりも実践することが大切**になります。

実際にコーピングを実践した場合は、どのようなコーピングをとったかを記録することで、自分のとりやすいコーピングを把握できます。

また、自分のとったコーピング以外にも、ほかに有効なコーピングを考えることで、コーピングの幅が広がり、スキルが向上していきます。

4 自発的な相談

学習の ポイント 相談は、ストレスの予防・軽減にとても有効です。また、コミュニケーションは、社会のなかで生きるうえで必要なソーシャルスキルです。相談とコミュニケーションの重要性とポイントをしっかり押さえましょう。

1 相談の重要性を理解しよう

　上司や同僚、家族など、身近な人に相談をすることは、ストレスの予防や軽減にとても効果があります。また、カウンセラーなどの専門家に相談することで、有益なアドバイスを得たり、早期に不調に気づくこともあります。

　カウンセリングを受けることに心理的な抵抗を感じる人も多くいますが、1対1の対面によるもののほか、電話・電子メール、オンラインカウンセリングなども利用できます（P.112 図表6-6）。

重要ポイント

▶早期にカウンセリングを受けるメリット
- ・**早めに症状が改善**し、**問題が解決**がしやすくなる。
- ・ストレスをコントロールしやすくなり、軽減することができる。
- ・ストレスをためやすい考え方を修正できる。
- ・リラクセーションを受けることにより、心身の症状が改善する。
- ・自己理解を深められる。
- ・多面的に考えることができる。
- ・心の状態や身体の症状をコントロールしやすくなる。

相談やカウンセリングにより、次のような効果が期待できます。

・話を聴いてもらうことですっきりし、心が浄化される。

・話を理解してもらうことで、**精神的な安定が得られる**

　……自分が理解され、**孤独感や不安感が軽減される**。

・**自己理解を深め**、気づきが得られる。自己の成長・発達を促せる。

・カウンセラーから、有益な**アドバイスが得られる**

2　コミュニケーションの重要性を理解しよう

　職場で良好な人間関係を維持するためにも、コミュニケーションスキルがとても重要となります。職場の人たちと良好な人間関係を維持することができれば、人間関係によるストレスはなくなります。さらに、自分を助けてくれるなど、ソーシャルサポートが得られることになります。

重要ポイント

▶**内的コミュニケーション**

　…自分自身のなかで問題解決を行うことが必要

　・**内省的思考**により新たな問題解決方法を発見し、能力を伸ばす。

▶**聴く能力⇒コミュニケーションで最も大切なこと**

　…建設的な人間関係のために必要な話を聴くときのポイント

　・**自分が同じ立場だったら**という気持ちで、熱心に聴く（共感）。

　・相手の気持ちを**批判せず**、**無条件に受け入れる**。

　・話を聴きながら、自分に対して正直になる。

　　⇒**自分の気持ちを、正直に相手に伝える**。

▶**アサーティブな自己表現**（P.112 図表6-9）

　…相手と自分の気持ちを大切にする表現を行うことが必要

　・**アサーティブ**⇒自分のことも相手のことも考え妥協点を見つける。

　・アサーティブでない表現に、**攻撃的**（自分のことだけを考えて他者を踏みにじる）、**非主張的**（自分よりも他者を優先し、自分のことは後回しにする）表現がある。

3 同僚のケアを理解しよう

　セルフケアだけでなく、同僚のメンタルヘルス不調を未然に防ぎ、適切にサポートできるよう同僚に対するケアも重要です。

　P.88 の 4 つのサポート（情緒的・情報的・道具的・評価的）を普段から同僚に提供することで、同僚のメンタルヘルス不調を未然に防ぎ、円滑な人間関係も維持されます。

　メンタルヘルス不調の治療を受けながら仕事をしている同僚、休職後に復職した同僚には、周囲の人たちのサポートが大切です。周囲の積極的なサポートが早期回復や円滑な復職につながります。

　本人がメンタルヘルス不調になったことに気づかない場合、周囲の人に相談できない場合は、周囲の人が気づいてサポートしてあげることが重要です。

　また、大切な仲間を守るという意識を持つことも重要です。

▼ 図表5-12　同僚のメンタルヘルス不調のサイン

サインの種類	具体的な内容
仕事上のサイン	1.作業能率が下がる、ミスが増える 2.机上に書類が溜まる 3.細かいことにこだわる 4.月曜日や午前中によく休む
態度上のサイン	1.笑顔や口数が減る 2.精神的に不安定になる（イライラ、落ち込み等） 3.身なりに気を使わなくなる 4.ぼんやりしていたり、眠そうに見える 5.付き合いが悪くなる、飲酒・喫煙量が増える

（出典）大阪商工会議所編『メンタルヘルス・マネジメント検定試験公式テキスト［Ⅲ種 セルフケアコース］第5版』中央経済社より

▼ 図表5-13　メンタルヘルス不調になりやすい時期

```
1.長時間残業が続いているとき
2.就職後、1年以内（特に1〜6ヵ月）
3.昇進・配置転換・出向後 1〜12ヵ月（多くは3〜6ヵ月後）
4.仕事内容や責任の変化後 1〜12ヵ月（多くは3〜6ヵ月後）
5.結婚、出産、引っ越し、単身赴任などの変化後 1〜12ヵ月（多くは3〜6ヵ月後）
```

(出典)大阪商工会議所編「メンタルヘルス・マネジメント検定試験公式テキスト[Ⅲ種セルフケアコース]第5版」中央経済社より。

重要ポイント

▶**同僚のケアの方法**

・**同僚のメンタルヘルス不調が疑われるとき**

⇒まずは声をかけて、**サポートする意思があることを伝える**

⇒ミスや効率の低下などを指摘せず、**相手の立場を考えてサポートする**

・**同僚が話をしてくれる場合**

⇒安心して話せる場所を選び、**時間に余裕**を持って聞く

⇒自分の意見を言ったり説教などはせずに「**聞き役**」になる

⇒同僚の**気持ちを理解**するように努める

⇒他の人に**話を漏らさない**ことを約束する

▶**関係者へつなぐ方法**

・**専門的なサポートや業務上の配慮が必要と感じた場合**

⇒そのことを同僚に伝え、**専門家や上司など**へ相談するように勧める

・**「消えてしまいたい」、「○○さんを傷つけてしまいそう」など自傷他害の恐れがある発言をした場合**

⇒できるだけ早く上司と専門家に相談し、**専門家等の指示に従う**

確認問題と解答・解説
○×チェック① 第1節〜第3節

次の記述のうち、適切と思われるものは○に、
不適切と思われるものは×に、それぞれ丸を付けなさい。

※下線部は補足修正

1. ソーシャルサポートを充実させるためには、「人的環境面を整えること」「個人的特性を整えること」の2つのアプローチがある。〈第27回公開試験〉　　（ ○　　× ）

2. サポートはギブ・アンド・テイクであり、相手からサポートを得るためには、時には自分も相手のサポート源になる必要がある。〈第27回公開試験〉　　（ ○　　× ）

3. ソーシャルサポートの充実を阻害する考えとして「人の助けを求めることは恥だ」が挙げられるが、「自分はサポートされる立場でよい」はあてはまらない。
〈第27回公開試験〉　　　　　　　　　　　　　　　　　　　　　　　（ ○　　× ）

4. 他者と打ち解けにくいと感じる人は、無理に打ち解けようとする必要はない。
〈第27回公開試験〉　　　　　　　　　　　　　　　　　　　　　　　（ ○　　× ）

5. 認知行動療法は、認知と感情の両面からの働きかけにより、自尊感情を高めてストレスなどの問題の改善を図る心理方法の技法の総称である。〈第27回公開試験〉
（ ○　　× ）

6. 認知行動療法の基本モデルでは、ストレスを個人を取り巻く環境におけるストレス状況と、そのストレス状況から生じるストレス反応に分けて捉えている。
〈第27回公開試験〉　　　　　　　　　　　　　　　　　　　　　　　（ ○　　× ）

7. ストレス反応は、認知（思考）、出来事、行動、身体反応の4領域に分けて理解する。
〈第27回公開試験〉　　　　　　　　　　　　　　　　　　　　　　　（ ○　　× ）

8. 認知行動療法は、うつ病、パニック障害、強迫性障害、社会不安障害などの不安障害に適用されるが、不眠には適用されない。〈第27回公開試験〉　　（ ○　　× ）

9. 自律訓練法は、背景公式から第2公式までの手順があるので、全部の公式を実施する必要がある。〈第27回公開試験〉　　　　　　　　　　　　　　　（ ○　　× ）

10. 漸進的筋弛緩法は、自己暗示の練習によって、不安や緊張を軽減させ、筋肉を弛緩させる。〈第29回公開試験〉　　　　　　　　　　　　　　　　　　（ ○　　× ）

11. 快適な睡眠のためのポイントは、（1）光、（2）アルコール、（3）自律神経系、（4）寝室環境の条件を整えることである。〈第29回公開試験〉　　　　　（ ○　　×）

12. 夜は休息するために副交感神経系が優位になる。〈第29回公開試験〉　（ ○　　×）

13. 入浴により入眠前の体温を高めに保つと、入眠時の体温変化が急になり、眠気を強く感じる。〈第29回公開試験〉　　　　　　　　　　　　　　　（ ○　　×）

14. 交替勤務の場合、「健康づくりのための睡眠指針2014」（厚生労働省）の健康法に加えて、夜勤シフトに入る2日前から遅くまで起きておくようにして、遅く寝ることなども心掛ける。〈第29回公開試験〉　　　　　　　　　　　（ ○　　×）

15. ストレスに負けないためには、いろいろなコーピング法を知っておく必要がある。〈第29回公開試験〉　　　　　　　　　　　　　　　　　　　　　（ ○　　×）

16. 毎日同じ時刻に起床し、光を浴びることは、睡眠の条件を整えるポイントの一つである。〈第30回公開試験〉　　　　　　　　　　　　　　　　　　（ ○　　×）

17. 睡眠不足が長期にわたると、副交感神経系優位が持続されるために、疲労の蓄積や心循環器系への負担増をもたらす。〈第30回公開試験〉　　　　　（ ○　　×）

18. 「健康づくりのための睡眠指針 2014」（厚生労働省）には、眠くなってから寝床に就くことや、就床時刻にこだわりすぎないことなどが挙げられている。〈第30回公開試験〉　　　　　　　　　　　　　　　　　　　　　（ ○　　×）

19. 交替制勤務の場合、「健康づくりのための睡眠指針2014」（厚生労働省）の健康法に加えて、夜勤の時間帯はできるだけ職場の照明を明るくすることなども心掛ける。〈第30回公開試験〉　　　　　　　　　　　　　　　　　　（ ○　　×）

20. 人見知りが激しい、困っていることを打ち明けにくい、ふだんから自分の考えや思いを他者に伝える努力をしないといった場合、ソーシャルサポートが得にくくなる。〈第30回公開試験〉　　　　　　　　　　　　　　　　　　（ ○　　×）

21. 何となく他者と打ち解けにくいと感じている人は、多少無理をしても、最初に相手とぎこちない関係にならないよう注意をする必要がある。〈第30回公開試験〉（ ○　　×）

解答・解説① 第1節〜第3節

番号	解答	解説
1	○	設問の通りです。
2	○	設問の通りです。
3	×	「自分はサポートされる立場でよい」は、ソーシャルサポートの充実を阻害する考え方です。
4	○	設問の通りです。
5	×	認知行動療法は、認知と行動の両面から働きかけます。
6	○	設問の通りです。
7	×	ストレス反応は、「認知（思考）」「気分（感情）」「行動」「身体反応」の4領域に分けて捉えます。
8	×	認知行動療法は、うつ病、不安障害（パニック障害、強迫神経症、社会不安障害）、不眠などに適用されます。
9	×	自律訓練法は、7つの公式がある。第1公式（重感練習）、第2公式（温感練習）だけでも十分効果がある。
10	×	漸進的筋弛緩法は、緊張した筋肉を解きほぐすことで、心をリラックスさせます。
11	×	快適な睡眠のポイントは、(1) 光、(2) 体温、(3) 自律神経、(4) 寝室環境です。
12	○	設問の通りです。
13	○	設問の通りです。
14	○	設問の通りです。

番号	解答	解説
15	○	設問の通りです。
16	○	設問の通りです。
17	×	睡眠不足が長期にわたると、<u>交感神経系優位</u>の状態が続きます。心身の健康のリスクを高めます。
18	○	設問の通りです。
19	○	設問の通りです。
20	○	設問の通りです。
21	×	他者と打ち解けづらいと感じている人は、<u>無理に打ち解けようとするのではなく</u>、少しずつ理解しあえるような状態を多く作るようにしましょう。

確認問題と解答・解説
○×チェック② 第4節

次の記述のうち、適切と思われるものは○に、
不適切と思われるものは×に、それぞれ丸を付けなさい。

※下線部は補足修正

1. 同僚をサポートする方法として、話を聴いてあげるというような情報的サポートがある。〈第27回公開試験〉 （ ○　× ）

2. 同僚のメンタルヘルス不調の仕事上のサインの一つとして、月曜日や午前中によく休むことがある。〈第27回公開試験〉 （ ○　× ）

3. 同僚のメンタルヘルス不調の態度上のサインの一つとして、笑顔や口数が減ることがある。〈第27回公開試験〉 （ ○　× ）

4. メンタルヘルス不調の同僚が現場にいる場合は、職場の周囲の人たちが積極的に声を掛けてあげることが必要である。〈第27回公開試験〉 （ ○　× ）

5. 職場での個人的な対立は、当事者間のコミュニケーションが円滑に行われなかったことが原因となっていることがある。〈第29回公開試験〉 （ ○　× ）

6. 建設的な人間関係に必要な3つの条件の一つには「聴き手は、『相手に正直である』こと」が含まれる。〈第29回公開試験〉 （ ○　× ）

7. 周囲の人との人間関係の持ち方には、大きく分けて3つのタイプ（攻撃的、非主張的、アサーティブ）がある。〈第29回公開試験〉 （ ○　× ）

8. アサーティブな関係を維持するためのスキルの一つとして、自分と異なる多様性も受け入れることが大切である。〈第29回公開試験〉 （ ○　× ）

9. カウンセリングの種類として、対面や電話によるカウンセリング、電子メールやウェブカメラを用いたカウンセリングなどがある。〈第30回公開試験〉 （ ○　× ）

10. カウンセリングを受けることで、ストレスがコントロールしやすくなったり、ストレスをためやすい考え方を修正することもできる。〈第30回公開試験〉 （ ○　× ）

11. 医師が精神療法の一環として行う対面カウンセリングは、健康保険が適用されない。〈第30回公開試験〉 （ ○　× ）

12. カウンセリングには服薬治療のような即効性はないが、継続することによって
「自己の成長・発達」を促すこともある。〈第30回公開試験〉　　　　（ ○　　× ）

番号	解答	解説
1	×	同僚の話を聞いてあげるサポートは、<u>情緒的サポート</u>です。
2	○	設問の通りです。
3	○	設問の通りです。
4	○	設問の通りです。
5	○	設問の通りです。
6	×	建設的な人間関係に必要な3つの条件は以下の通りです。 ①自分が同じ立場だったらという気持ちで、共感しながら熱心に聞く。 ②相手の気持ちを批判せず、無条件に受け入れる。 ③<u>自分</u>に対して正直になる。
7	○	設問の通りです。
8	○	設問の通りです。
9	○	設問の通りです。
10	○	設問の通りです。
11	×	医師が精神療法の一環としてカウンセリングを行う場合は、健康保険が<u>適用されます</u>。
12	○	設問の通りです。

社内資源の活用
社外資源の活用

1 相談できるスタッフ

**学習の
ポイント**　社内や社外でメンタルヘルス問題に対応するスタッフを知っておくことが
必要です。社外の窓口についての知識も必要になります。

1 相談できるスタッフを知ろう

　職場のメンタルヘルスへの取組みには、さまざまなスタッフが関わっています。それぞれどのような役割を担っているのかを知ることも大切です。また、自分の職場には、どのような**窓口や相談体制**があり、どのような**スタッフ**がいるのかを確認しておくとよいでしょう。

2 社外の相談窓口と公的な相談窓口を知ろう

　社外にも、健康保険組合や契約機関で相談窓口を設置していたり、公的な機関も利用できる場合もあります。**プライバシーが守られやすい、深い内容の相談ができる**などのメリットがあります。

　なお、誰でも利用できる公的な相談窓口は、以下のとおりです。

・**いのちの電話**……ボランティアで運営されている。

・**精神保健福祉センター**……各都道府県と政令指定都市に設置されている。

・**保健所・保健センター**……都道府県、政令指定都市や市区町村に設置されており、地域住民の窓口として利用されている。

　厚生労働省が「**こころの耳**」や「**知ることからはじめようみんなのメンタルヘルス総合サイト**」に全国の相談窓口やメンタルヘルスの情報を掲載しています。「こころの耳」にはメール相談も設置しています。

▼ 図表6-1　社内の健康管理に携わるスタッフ

スタッフ	役割	規定・特徴
衛生管理者・衛生推進者	従業員の健康を保持するための労働衛生管理体制を整える。	**労働者が50人以上いる事業所では、衛生管理者を選任しなければならない。**
産業医（※）	産業医の要件を満たすためのメンタルヘルスの研修もあり、事業者に対して健康管理の方策などを提言する。ストレスチェック制度で実施者になることができる	・**労働者が50人以上の事業所⇒産業医を選任する**（非常勤）。 ・**労働者が1,000人以上の事業所または有害業務に労働者を500人以上従事させる場合⇒専属産業医を選任する**（常勤）。
産業看護職（看護師・保健師）（※）	産業医と連携しながら健康管理の活動をしている。	職場における看護職は、**法令上、特に規定はない**。
人事労務・総務担当者	部門の担当者として、事業所の安全衛生に日ごろから関わっている。	メンタルヘルス不調による休職時や復職時にも、本人と関わりをもつ。

（※）社外にも窓口がある。

▼ 図表6-2　メンタルヘルスの専門家

スタッフ	役割	規定・特徴
精神科医・心療内科医精神保健指定医	精神疾患（精神科）や心身症（心療内科）の心療を専門に行う。	・国が定めた規定などはなく、それぞれの**団体組織の専門医・認定医制度により規定される**。 ・精神保健指定医は、「措置入院」などを行うために必要な資格であり、国の定めた要件を満たしている精神科医が担う。
精神保健福祉士	精神福祉領域のソーシャルワーカーとして活動を行う。	病院と社会の橋渡しの役割を担う。主に、**精神科や保健所、社会復帰施設**などに在籍する。
カウンセラー・産業カウンセラー・キャリアコンサルタント	個人のもつ悩みや不安などの心理的問題について、本人と話し合う。	産業カウンセラーは、**職場のカウンセリング**を行う。キャリア開発の支援も行う。キャリアコンサルタントは国家資格として認定され活動。
臨床心理士・公認心理師	臨床**心理**学の知識や技術を用いて、**心の問題**を取り扱う。公認心理師はストレスチェック制度で実施者になることができる。	日本臨床心理士資格認定協会が認定する。公認心理師は公認心理師法に基づく国家資格である。
心理相談担当者	メンタルヘルスケアの実施、ストレスに対する気づきの援助、リラクセーションの指導、良好な職場環境の雰囲気づくりを担当する。	厚生労働省の健康の保持増進のための**THP（トータルヘルスプロモーション・プラン）**を担う。

2 専門相談機関

学習の
ポイント

適切な治療を受けるには、適切な診療科を受診しなければなりません。診療科の特徴と一般的なうつ病の治療についての理解も必要となります。

1 医療機関の種類と選び方を理解しよう

心身の不調に気づいたときや、周囲から受診を促されたときには、適切な診療科に受診することが必要です。

心に関わる疾患のうち、症状が主に身体に現れるものを扱う科は「心療内科」です。精神の症状として現れるものを扱う科は「精神科」です。

▼ 図表6-3　科と医師と疾患の関係

科	神経内科	精神科		心療内科	内科・外科など
医師	神経内科医	精神科医		心療内科医	内科医・外科医など
担当する疾患					身体疾患
				心身症	
		気分障害、神経症性障害			
		統合失調症 アルコール依存症			
	認知症				
	神経の病気				
	脳血管障害				

(出所)大野裕監修『職場のメンタルヘルス』東京法規出版より改変・追加。
(出典)大阪商工会議所編『メンタルヘルス・マネジメント検定試験公式テキスト[Ⅲ種 セルフケアコース]第5版』中央経済社より。

2 実際の治療方法を理解しよう

心に関わる疾患を治療する場合は、通常、2〜3回の受診で終わることは少ないため、継続しやすいことが大切です。また、**信頼できる医師**をみつけることも大切です。なお、現在、ほかの身体症状が出現したため、他の科を受診し、異常なしと判断されたものの症状の回復が思わしくない場合は、心の疾患の可能性もあります。この場合、心療内科や精神科を受診することが必要になるケースもあります。

▼ 図表6-4　受診の流れ

面接・診察を経て診断する	診断後に説明を受ける
・まず、他の科を受診し、別の病気でないことを確認することもある。 ・調査票や心理テストの記入を行う。 ・過去の病歴、生育歴、生活歴、家族の状況などの聴取を受ける。	〈説明の内容〉 ・病気について ・選択できる治療の方針と方法 ・患者、家族、周囲の人が守るべきこと ・治療の一般的な経過や見通し

〈入院を必要とするケースの例〉

・自殺をする恐れがあり、家族と同居していても防ぎきれないような場合
・重度のうつ病で食事や身体的な管理が必要な場合
・焦燥感、不安感が強く医学的に入院を要する場合
・統合失調症で幻覚妄想状態、躁うつ病で躁状態がひどい場合
・自傷他害の恐れが強いなど社会的信頼を失う恐れがある場合
・生活リズムを保つことが困難な場合や規則的な服薬が守れない場合

3 一般的なうつ病の治療方法を理解しよう

うつ病の状態は、エネルギーが枯渇している状態であり、**まずは、休養をとる**ことが必要です。また、心の病気は、**脳の生理学的・機能的な病気**であり、**異常を回復させる薬が必要**です。さらには、人間関係などを通じて、心にアプローチする心理療法なども用いることがあります。

①休養をとる	
病気の程度により、休む必要のある日数は数日から数か月までさまざまである。	
②薬物療法	
抗うつ薬	・脳内の神経伝達物質の働きを回復させる。 ・三環系抗うつ薬、四環系抗うつ薬、**選択的セロトニン再取り込み阻害薬（SSRI）、セロトニン・ノルアドレナリン再取り込み阻害薬（SNRI）**などがある。
抗不安薬	不安が強い場合に、抗うつ薬と併せて使用することがある。
睡眠剤	・睡眠障害が出ているときに使用することがある。 ・初めのうちは睡眠剤を使用しても、徐々に減らし、中止していく。
抗精神病薬	幻覚・妄想などの精神症状を伴ううつ病の場合に使用することがある。
気分安定剤	気分の波を抑え、安定させる作用がある。
③その他の治療法	
電撃療法、高照度光療法、断眠療法などが用いられることもある。	
④心理療法・精神療法	
認知行動療法	・考え方や受け止め方（認知）のゆがみを治す治療法 ・うつ病の人の考えの特徴は、**全か無かの思考、破局的なものの見方、過度の一般化、ネガティブ思考、「○○すべき」思考**などがある。 ・認知再構成法や問題解決技法（問題を明確にして、解決のための具体的なアイデアを多く出し、最も役立ち、かつ、実行可能なものに取り組み、解決できなければ再度問題の明確化を行う方法）などが用いられる。
自律訓練法、交流分析、家族療法などが用いられることもある。	

▶ **治療のポイント**
・どのような薬をどのような目的で使うかなど、**主治医と確認**する。
・「いつまでも薬に頼るな」などの周囲の意見に惑わされず、信頼する主治医の指示に従う。

▶ **抗うつ薬の特徴**
・効果の**発現がゆっくり**である。
・有効な効果が現れる前に、**副作用が出現**することがある。
・抗うつ作用のある三環、四環、SSRI、SNRI 以外の薬剤として、**スルピリド**がある。
・病気の状態がよくなっても、**半年から 1 年という長期の継続**が必要である。

▶ **心理療法の特徴**
心理的な治療だけでは、うつ病の治療をすることはできない。

▶ **リワーク・プログラムを活用する**
地域障害者職業センターや一部の精神科医療機関でリワーク・プログラムが実施されており、受けた人の予後が良好であるとされている。

▼ **図表6-6 一般的な抗うつ薬治療の流れ**

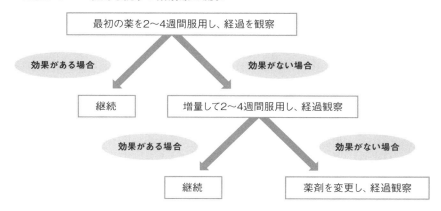

最初の薬を2〜4週間服用し、経過を観察

効果がある場合　　効果がない場合

継続　　増量して2〜4週間服用し、経過観察

効果がある場合　　効果がない場合

継続　　薬剤を変更し、経過観察

▼ 図表6-7　**カウンセリングの種類と特徴**

> **①対面カウンセリング**
>
> ・1対1で対面し、1回50分程度で終了する。
> ・医師が精神療法の一環として行う場合は、健康保険が適用される。
>
> **②電話によるカウンセリング**
>
> ・慣れると電話での会話特有の親密感が生まれ、本来の気持ちが話しやすくなる。
>
> **③電子メールによるカウンセリング**
>
> ・自分の考えや思いにじっくりと目を向けることができる。
> ・カウンセラーからの回答が通常では数日かかる。
> ・文章の解釈は人により多種多様であるため、誤解が多い。
>
> **④オンラインカウンセリング**
>
> ・時間や場所を選ばず、移動も必要ない。

▼ 図表6-8　**カウンセリングの注意点**

> ・カウンセリングの機関によってレベルの差がある。
> ・相談内容により、事業場外の専門家に相談したい場合は、直接事業場外の機関に相談する方法もある。
> ・評判のよいカウンセラーであっても違和感や相性の悪さを感じた場合は、無理して継続せず、相談先を変えることでスムーズに進みやすい。
> ・信頼できる友人などに話を聴いてもらい問題が整理できれば、専門的なカウンセリングは必要ない。

▼ 図表6-9　**アサーティブな関係を維持するためのスキル**

> ①自分を知ること：自分の気持ち、考えに正直であることが前提となる。
> ②共感的理解：相手が何を感じ、何を考えているか、相手の立場で理解しようとする。
> ③受容：相手を受け入れられるには、自分自身を受け入れられなくてはならない。
> ④対等で相互尊重：権威や立場で相手を操作するのではなく、相手を知りたいと思う。
> ⑤自己信頼・自己尊重：自分を信頼することで、自分の内部の声に耳を傾ける。
> ⑥自責：相手を尊重する、相手に耳を傾けるのは、自分の責任でするということであり、そうするのもしないのも自己責任である。
> ⑦多様性を受容：自分と異なる多様性こそがチーム力につながる。
> ⑧感情を言葉にする：怒ってしまえば、感情そのものをぶつけたことになる。「私は怒っている」と表現することで、相手との理解の土俵ができる。
> ⑨非言語コミュニケーション：言葉以外のしぐさ、表情もまたコミュニケーションになっている。

（出典）平木典子『自己カウンセリングとアサーションのすすめ』金子書房より。

確認問題と解答・解説
○×チェック

次の記述のうち、適切と思われるものは○に、
不適切と思われるものは×に、それぞれ丸を付けなさい。

※下線部は補足修正

1. 誰でも利用できる公的機関として、精神保健福祉センターが各都道府県及び政令
   指定都市に設置されている。〈第27回公開試験〉　　　　　　　　　　（ ○　× ）

2. 社内の相談窓口は、職場の環境や仕事の内容、就業規則など社内規定を十分に理
   解しているため、社外の窓口を利用する前に社内の窓口を利用することになって
   いる。〈第27回公開試験〉　　　　　　　　　　　　　　　　　　　　　（ ○　× ）

3. 会社と関連がある事業場外相談窓口には、会社が外部の専門機関（EAP）に委託
   して設置しているもの、健康保険組合が設置しているもの、労働組合が設置して
   いるものなどがある。〈第27回公開試験〉　　　　　　　　　　　　　　（ ○　× ）

4. 公的な相談窓口として保健所や保健センターがあるが、自殺や薬物使用、各種疾
   患など特別な場合についての相談を対象としているため、職場でのストレスにつ
   いての相談は受け付けていない。〈第27回公開試験〉　　　　　　　　　（ ○　× ）

5. 常時50人未満の人が働く事業場では、衛生面を管理するための資格を持った衛生
   管理者の設置が義務付けられている。〈第29回公開試験〉　　　　　　　（ ○　× ）

6. 常時1,000人以上の人が働く事業場（有害な作業のある場合には500人以上）では、
   基本的には専属の産業医が常勤している。〈第29回公開試験〉　　　　　（ ○　× ）

7. 産業医及び産業看護職の専任は、法令に基づき決められている。〈第29回公開試験〉
   　　　　　　　　　　　　　　　　　　　　　　　　　　　　　　　　　（ ○　× ）

8. 産業医や産業看護職だけでなく、上司などの管理職も事業場内資源にあてはまる。
   〈第29回公開試験〉　　　　　　　　　　　　　　　　　　　　　　　　（ ○　× ）

9. 服用を開始した抗うつ薬の効果が判定されるのに2週間以上かかることがある。
   〈第30回公開試験〉　　　　　　　　　　　　　　　　　　　　　　　　（ ○　× ）

10. 抗うつ薬は、有効な作用が得られる前に副作用が出現することがある。
    〈第30回公開試験〉　　　　　　　　　　　　　　　　　　　　　　　　（ ○　× ）

11. 抗うつ薬は、周囲の十分な知識のない人からの治療への意見に流されないことが
   必要である。〈第30回公開試験〉　　　　　　　　　　　　　　　　（　○　　×　）

12. 抗うつ薬は、病気の状態がよくなれば、3 か月以内程度などで服薬を終了できる
   ことが多い。〈第30回公開試験〉　　　　　　　　　　　　　　　　（　○　　×　）

確認問題と解答・解説
解答・解説

番号	解答	解説
1	○	設問の通りです。
2	×	社外の相談窓口を利用する前に、必ずしも社内の窓口を利用する必要はありません。社外の相談窓口には、プライバシーが守られ、深い内容の話でも安心してできるというメリットもあります。
3	○	設問の通りです。
4	×	保健所や保健センターは、地域の精神保健の身近な窓口として幅広く利用できます。
5	×	常時50人以上の人が働く事業場では、衛生面を管理するための資格を持った衛生管理者の設置が義務付けられています。
6	○	設問の通りです。
7	×	職場における看護職は、法令上の規定は特にありません。
8	○	設問の通りです。
9	○	設問の通りです。
10	○	設問の通りです。
11	○	設問の通りです。
12	×	病気の状態がよくなっても、再発を防ぐために半年から1年という長期の継続が必要とされています。

第7章

メンタルヘルス・
マネジメント
検定試験Ⅲ種
模擬問題と解答・解説

模擬問題

【第1問】次の（1）〜（5）の設問に答えなさい。

第1問（1）　労働安全衛生調査（2018年厚生労働省）に関する次の記述について、最も適切なものを1つだけ選び、解答欄にその番号を記入しなさい。

①　仕事や職業生活に関するストレスなどの原因として、男女ともに「仕事の質・量」「仕事の失敗、責任の発生等」「対人関係（セクハラ、パワハラを含む）」の割合が高かった。

②　仕事や職業生活に関するストレスなどの原因として、上位の3つ以外では、男性では「雇用の安定性」、女性では「会社の将来性の問題」も多くなっている。

③　相談できる相手がいる割合は、女性より男性が上回っている。

④　相談できる相手は、男性・女性ともに家族・友人が最も多い。

解答欄

第1問（2）　労働安全衛生調査（2018年）に関する次の記述について、最も<u>不適切なもの</u>を1つだけ選び、解答欄にその番号を記入しなさい。

①　過去1年間にメンタルヘルス不調により連続1か月以上休職、または退職した労働者がいる事業所の割合は、6.7%になっている。

②　過去1年間にメンタルヘルス不調により連続1か月以上休職、または退職した労働者がいる事業者の割合は、50人以上の規模の事業所では26.4%である。

③　メンタルヘルス対策に取り組んでいる事業所は59.2%になっており、5年ほど横ばいの状態にある。

④　メンタルヘルス対策に取り組んでいる実施内容で最も多いのは「労働者への教育研修・情報提供」となっている。

解答欄

第1問 (3) 自殺者とメンタルヘルスに関する次の記述について、最も不適切なものを1つだけ選び、解答欄にその番号を記入しなさい。

① 警察庁の統計では、1998年に自殺者が急増し、それ以降2011年まで14年連続して3万人を超えている。
② 警察庁の統計では、2012年以降、自殺者は減る傾向があるものの、まだ毎年2万人を超えている。
③ 自殺直前には、大半の例で精神健康面に問題があることが指摘されている。
④ 自殺の原因となるできごとや心理的な負荷は、単一の原因が多くを占めている。

解答欄

第1問 (4) 「労働者の心の健康の保持増進のための指針」において「心の健康づくり計画」で定める事項として含まれていないものを1つだけ選び、解答欄にその番号を記入しなさい。

① 事業場における心の健康づくりの体制の整備に関すること
② 労働者の職場復帰支援に関すること
③ メンタルヘルスケアを行うために必要な人材の確保及び事業場外資源の活用に関すること
④ 労働者の健康情報の保護に関すること

解答欄

心の健康づくりに関する次の記述について、最も<u>不適切なもの</u>を 1 つ
だけ選び、解答欄にその番号を記入しなさい。

① 安全衛生委員会やその他健康などの対策を検討する機会に参画することも、メ
ンタルヘルスにおける従業員の役割である。
② 健康づくり計画を実施した際の評価は、健康影響へのリスクの低減度合いやプ
ログラムの達成状況だけでなく、プライバシーが適切に配慮されているかなども
大切な項目である。
③ 健康づくり計画が実施された場合は、進捗状況を毎月開催される安全衛生委員
会で確認することが望ましい。
④ メンタルヘルスに関する評価は主観的になりやすい傾向があるため、健康づく
り計画においての目標も主観的な評価項目と達成目標が望ましい。

解答欄	

【第2問】 次の (1) ～ (8) の設問に答えなさい。

第2問 (1) ストレスによる健康障害のメカニズムに関する次の記述について、最も適切なものを1つだけ選び、解答欄にその番号を記入しなさい。

① 内分泌系、自律神経系、免疫系は、生体のバランスを保つ生命維持機構であり、このバランスが保たれなくなると、何らかの健康障害が発生する。
② 大脳辺縁系で認知されたストレッサーは、大脳皮質に伝達されて感情が引き起こされる。
③ ストレッサーに直面すると、今までの経験には関係なく負担の大きさや苦痛の程度が大脳皮質で評価される。
④ 自律神経では、強いストレッサーに直面すると、副交感神経が優位になる。

解答欄

第2問 (2) ストレスによる健康障害のメカニズムに関する次の記述について、最も<u>不適切なもの</u>を1つだけ選び、解答欄にその番号を記入しなさい。

① 神経伝達物質は、不安や抑うつ気分、意欲や活動性などと密接に関係している。
② 怒りや不安を感じたときに動悸がしたり、抑うつ気分のときに食欲がなくなるのは、感情と自律神経が密接に関係している。
③ 過労や睡眠不足などのストレス状態が長く続くと感冒に罹患しやすくなるのは、主に自律神経系に関係している。
④ 副交感神経系は、消化器の機能を調整しており、胃潰瘍や下痢、過敏性腸症候群などの発生に関係している。

解答欄

第2問 (3) ワーク・エンゲイジメントに関する次の記述について、最も不適切なものを1つだけ選び、解答欄にその番号を記入しなさい。

① ワーク・エンゲイジメントは、「熱意」「集中」「活力」の3つがそろった状態を指す。
② ワーク・エンゲイジメントが高い人は、健康で、仕事に積極的にかかわり、かつ自己啓発や学習への高い意欲を持っている。
③ ワーク・エンゲイジメントは、人間が持つポジティブな要素に注目し、健康増進や生産性向上つながる新しいキーワードとして注目されている。
④ ワーク・エンゲイジメントの考え方では、「仕事の資源」「個人の資源」の向上を図ると同時にストレス要因としての「仕事の要求度」を減らし、バーンアウトを減少させる。

解答欄	

第2問 (4) 心身症に関する次の記述について、最も適切なものを1つだけ選び、解答欄にその番号を記入しなさい。

① 心身症とは、心の不健康状態を総称するもので、神経症やうつ病などの精神疾患や身体疾患を含む病態である。
② 心身症は、過敏性腸症候群などのように慢性的な下痢や腹痛によって、遅刻や欠勤といった仕事の障害となるが、心筋梗塞やくも膜下出血などの重篤な疾患になることはあまりない。
③ 神経性大食症では、過食・自己嘔吐後は自己嫌悪に陥り、気分がひどく落ち込むことも少なくない。
④ 心身症は、身体疾患なので、職場として上司が介入することまでは求められない。

解答欄	

第2問（5） 発達障害に関する次の記述について、最も不適切なものを1つだけ選び、解答欄にその番号を記入しなさい。

① 「何ができて、何ができないのか」「どのようにサポートすれば特徴を活かし業務を遂行できるのか」など、ポジティブな観点での支援の検討が大切である。
② 「注意欠如・多動症（ADHD）」では薬物治療は有効ではない。
③ 職場での業務遂行に影響がでる「注意欠如・多動症（ADHD）」の特徴として、計画立案やスケジュール管理が苦手、不注意によるミスが多い、などがある。
④ 職場での業務遂行に影響がでる「自閉スペクトラム症／自閉症スペクトラム障害（ASD）」の特徴として、雰囲気や相手の意図を読むことが苦手、比喩や言葉の理解が苦手、などがある。

解答欄	

第2問（6） メンタルヘルス不調に関する次のA～Dの記述について、正しいもの（○）と誤っているもの（×）の組み合わせとして最も適切なものを1つだけ選び、解答欄にその番号を記入しなさい。

A．統合失調症は、40代以降の中高年者に発症しやすい。
B．アルコール依存症には、AA（Alcoholics Anonymous）が有効な場合がある。
C．適応障害は、明確なストレッサーが存在しているため、対応は環境調整などのストレッサーの軽減のみが有効である。
D．概日リズム睡眠障害は、個人の睡眠覚醒リズムと社会生活時間帯がズレているもので、睡眠相後退症候群などがある。

① （A）○ （B）× （C）○ （D）×
② （A）○ （B）× （C）× （D）○
③ （A）× （B）○ （C）× （D）○
④ （A）× （B）○ （C）○ （D）×

解答欄	

第2問（7） 障害者差別解消法と障害者雇用促進法に関する次の記述について、最も不適切なものを1つだけ選び、解答欄にその番号を記入しなさい。

① 障害者雇用促進法では、身体障害者、知的障害者、精神障害者（発達障害を含む精神障害者保健福祉手帳の所持者）の雇用が義務付けられている。
② 障害者差別解消法では、障害の有無によらず共に暮らせる社会の実現を目指すために、雇用関係も含めた「不当な差別的取り扱い」の禁止と「合理的配慮の提供」が求められている。
③ 障害者雇用促進法では、不利な条件を課した採用、低い賃金の設定、雇用形態の変更の強制など、雇用における障害を理由とする不当な差別的取り扱いを禁止している。
④ 障害者雇用促進法では、障害者と障害者でない者との均等な待遇の確保を義務付けている。

解答欄

第2問（8） 女性労働者のストレスに関する次の記述について、最も<u>不適切なもの</u>を1つだけ選び、解答欄にその番号を記入しなさい。

① 女性労働者のストレスは、「職場におけるストレス」、「家庭におけるストレス」、「女性特有の生物学的特性にともなうストレス」に大きく分けられる。
② 厚生労働省の委託調査（2016年）によると、セクハラ被害を経験した女性は28.9％である。
③ 厚生労働省の委託調査（2016年）によると、マタハラ被害を経験した女性は21.4％である。
④ 「男女共同参画白書」（2020年版）によると、民間企業の女性管理職の割合は少しずつ増え、約45％である。

解答欄

【第3問】 次の (1) ～ (5) の設問に答えなさい。

第3問 (1) 過重労働に関する次の記述について、最も適切なものを1つだけ選び、解答欄にその番号を記入しなさい。

① 長時間労働は、定常的に交感神経系と内分泌系を刺激するので、血圧を上昇させ、血糖値を下げて代謝バランスをゆがめる。

② 過重労働が続いて、喫煙や飲酒量の増加、食べ過ぎや運動不足などの生活スタイルの変化は、ストレスを緩衝させるためには有効とされている。

③ 過労死とは、死に至った状態であり、将来にわたって労働できない状態になったとしても、過労死にはならない。

④ 「社内の健康管理体制を整備し、健康診断の実施などを適切に行うこと」は、過重労働による健康障害防止のために事業者が行うべき重要事項である。

解答欄 ☐

第3問 (2) 近年の労働者の健康状態に関する次の記述について、最も<u>不適切なもの</u>を1つだけ選び、解答欄にその番号を記入しなさい。

① 脂質異常症は、高血圧、高血糖とともに動脈硬化を促進する危険因子である。

② 異常所見の最も高い項目は、血液検査の脂質検査である。

③ 高脂血症を指摘される労働者が増加している。

④ 何らかの異常所見を指摘される労働者は、受診者の2～3割に達している。

解答欄 ☐

第3問 (3) 安全配慮義務に関する次の記述について、最も適切なものを1つだけ選び、解答欄にその番号を記入しなさい。

① 安全配慮義務は、法律に明文化されていない。
② 安全配慮義務は、事業者が労働者に対して負っている労働契約上の責務である。
③ 安全配慮義務は、生命および健康などを危険から守るために、労働者自ら行う努力義務である。
④ 安全配慮義務の及ぶ範囲は、徐々に縮小される傾向にある。

解答欄 [　　]

第3問 (4) 健康診断の受診義務に関する次の記述について、最も適切なものを1つだけ選び、解答欄にその番号を記入しなさい。

① 健康診断の受診義務は、労働安全衛生法には規定されていない。
② 健康診断の受診義務とは、通知された健康診断の結果および保健指導を利用して、労働者がその健康の保持に努めることをいう。
③ 労働者は、事業者が行う健康診断または事業者が指定した健康診断を受けなければ、健康診断の受診義務を果たしたことにはならない。
④ 労働者は、事業者が行う健康診断を受けなければならない。

解答欄 [　　]

第3問 (5) 自己保健義務に関する次の記述について、最も<u>不適切なもの</u>を1つだけ選び、解答欄にその番号を記入しなさい。

① 労働者は、労働災害の防止に関する措置に協力するように努めなければならない。

② 労働者は、事業者が講ずる措置を利用して、健康の保持増進に努めるものとする。

③ 健康診断で指摘された異常値に対する健康回復行動は、自己保健義務には含まれない。

④ 労働者の安全と健康を確保するためには、事業者だけの努力では達成できず、労働者による協力が必要となり、そのための義務として自己保健義務がある。

解答欄	

【第4問】 次の (1) 〜 (10) の設問に答えなさい。

第4問 (1) 「心理的負荷による精神障害の認定基準」において、業務による心理的負荷の強度Ⅲとされる内容に関する次の記述のうち、最も<u>不適切なもの</u>を1つだけ選び、解答欄にその番号を記入しなさい。

① 違法行為を強要された。
② 会社の経営に影響するなどの重大な仕事上のミスをした。
③ 退職を強要された。
④ 同僚等から、暴行又は（ひどい）いじめ・嫌がらせを受けた。

解答欄

第4問 (2) ストレスに関する次の文章の [ ] にあてはまる語句の組み合わせとして、最も適切なものを1つだけ選び、解答欄にその番号を記入しなさい。

ワシントン大学精神科の Holmes らは、[ア] 評価尺度と呼ばれるチェックリストを作成した。過去1年間に経験したチェックリストにある [イ] の回数とストレス値を掛け合わせたものの合計点数が、年間 [ウ] 点以上になると 79％の人に何らかの疾患が発症していたことが明らかになっている。日本の追研究でも [エ] のストレス値が上位にあがっている。

① （ア）生活的適応　　（イ）仕事のストレス　（ウ）200　（エ）退職
② （ア）生活的再適応　（イ）仕事のストレス　（ウ）300　（エ）退職
③ （ア）社会的適応　　（イ）ライフイベント　（ウ）200　（エ）家族との離別
④ （ア）社会的再適応　（イ）ライフイベント　（ウ）300　（エ）家族との離別

解答欄

第4問 (3) ストレスに関する次の記述について、**最も不適切なもの**を1つだけ選び、解答欄にその番号を記入しなさい。

① Holmes らの研究によると、発症以前に体験した生活上のできごとが、精神疾患の発症に深く関係している。
② Holmes らの研究によると、できごとによって変化した環境に適応できないほど、発症の危険性が高まる。
③ ある現象や状況がストレス要因となるかどうか、それがストレス要因であった場合の強さの程度は、その人が「どのような感情か」に規定される。
④ 否定的なできごとが発生した際、悲観的なものの見方をする傾向のある人は、楽観的なものの見方をする人よりも、うつ尺度の点数が高くなる傾向がある。

解答欄

第4問 (4) ストレス反応に関する次の記述について、**最も不適切なもの**を1つだけ選び、解答欄にその番号を記入しなさい。

① ストレスの受け取り方や反応は個人差が大きい。
② 強いストレス要因を受けたときに生じるストレス反応は、ストレス要因の種類に関係なく、心身に同様の反応が起こる。
③ 身体面の変化は、具合の悪さとして体感されるため、自分自身で気づきやすい。
④ 行動面の変化は、仕事の能率が下がったりミスが多くなったりと、日常の仕事の進み具合によるものが多いので、第三者には気づきにくい。

解答欄

第4問（5）　ストレス反応に関する次の記述について、最も適切なものを1つだけ
　　　　　　選び、解答欄にその番号を記入しなさい。

① 「逃避」は、心理面の急性反応である。
② 「疲労」は、心理面の慢性反応である。
③ 「不眠」は、身体面の慢性反応である。
④ 「無気力」は、行動面の慢性反応である。

解答欄

第4問（6）　いつもと違う自分に気づくポイントに関する次の記述について、最も
　　　　　　不適切なものを1つだけ選び、解答欄にその番号を記入しなさい。

① 　職場の同僚は、最近残業や休日出勤などの時間外労働時間が減っているが、自
　　分はあまり変化がない。
② 　今まで楽しみにしていたテレビ番組が、最近は楽しくないし、あまり見る気に
　　なれない。
③ 　仕事で大きなミスをしてしまい、それ以来自分を責めている。
④ 　最近、寝つきが悪くなっている。

解答欄

第4問（7）　ストレス要因への対処として、最も適切なものを1つだけ選び、解答
　　　　　　欄にその番号を記入しなさい。

① 　問題が生じたさいには、必ず解決するように努める。
② 　問題が生じたさいには、ときには問題から目をそらし、気分転換を図ることも
　　必要と考える。
③ 　問題が生じたさいには、できるだけ上司に解決を図ってもらう。
④ 　問題が生じたさいには、まずはストレス反応だけに意識を向ける。

解答欄

第4問 (8) 「心理的負荷による精神障害の認定基準」において、業務による心理的負荷の強度Ⅱとされる内容に関する次の記述のうち、最も<u>不適切なもの</u>を1つだけ選び、解答欄にその番号を記入しなさい。

① 配置転換があった。
② 業務に関連し、重大な人身事故、重大事故を起こした。
③ 転勤をした。
④ 上司とのトラブルがあった。

解答欄

第4問 (9) 職業性ストレス簡易調査票の結果において、「仕事の負担度」「仕事のコントロール度」「仕事での対人関係」「仕事の適合性」のうち、要チェックの数が多い場合、最も適切なものを1つだけ選び、解答欄にその番号を記入しなさい。

① 「心理的ストレス反応」も要チェックとなる確率が高まる。
② 「身体的ストレス反応」も要チェックとなる確率が高まる。
③ 「心理的ストレス反応」も「身体的ストレス反応」も要チェックとなる確率が高まる。
④ 4つが要チェックとなった場合のみ、「心理的ストレス反応」も「身体的ストレス反応」も要チェックとなる確率が高まる。

解答欄

第4問 (10) 職業性ストレス簡易調査票に関する次の記述について、最も<u>不適切なもの</u>を1つだけ選び、解答欄にその番号を記入しなさい。

① 心理的ストレス反応は、ネガティブな反応だけでなくポジティブな反応も評価できる。
② ストレス反応は、心理的反応だけでなく、身体的反応も測定できる。
③ うつ病などの精神疾患も診断できる。
④ ストレス反応が大きく出ている場合は、産業保健スタッフに相談する。

解答欄

【第5問】 次の（1）～（10）の設問に答えなさい。

第5問（1） 睡眠に関する次の記述について、最も<u>不適切なもの</u>を1つだけ選び、解答欄にその番号を記入しなさい。

① 朝の光を浴びるとメラトニンが生成され、14～16時間後に身体に分泌され、眠気が生じる。
② 光、体温、免疫系、寝室環境の条件を整えることが快適な睡眠のポイントとなる。
③ 厚生労働省から公表されている「健康づくりのための睡眠指針」を実践しても、寝つけない、熟眠感が得られない場合などは、心や身体の病気の可能性がある。
④ 睡眠不足が長期間にわたると、高血圧、糖尿病、心臓病、脳卒中などの生活習慣病のリスクを高める。

解答欄	

第5問（2） 「健康づくりのための睡眠指針」（厚生労働省2014年）に関する次の記述について、最も適切なものを1つだけ選び、解答欄にその番号を記入しなさい。

① 毎日同じ時刻に寝る。
② 寝る前は、できるだけ寝床で過ごす。
③ 自分にあった睡眠時間があり、8時間にこだわらない。
④ 休日に遅くまで寝床で過ごすと、翌日の朝が楽になる。

解答欄	

第5問（3） 健康に影響する生活習慣に関する次の記述について、<u>最も不適切なもの</u>を1つだけ選び、解答欄にその番号を記入しなさい。

① 運動は、「寝つきをよくする」「睡眠時間を短くできる」「睡眠を深くする」などの睡眠の質を改善できる。
② 運動は、抑うつの予防や軽度の抑うつのセルフケアにも有効とされている。
③ ストレス下では、アドレナリンやコルチゾールが分泌され、ストレスに対抗するため、ビタミンB・C群が多く含まれる食品をとるとよい。
④ カルシウム、マグネシウムは精神安定に効果がある。

解答欄	

第5問（4） リラクセーションに関する次の記述について、<u>最も不適切なもの</u>を1つだけ選び、解答欄にその番号を記入しなさい。

① 楽な姿勢や服装で行う。
② 能動的態度で行う。
③ 静かな環境で行う。
④ 心を向ける対象をつくる。

解答欄	

第5問 (5) リラクセーションに関する次の記述について、最も適切なものを1つだけ選び、解答欄にその番号を記入しなさい。

① 心身をリラックスさせるためには、胸式呼吸がよい。
② 漸進的筋弛緩法は、様々な筋肉に力を入れた後、徐々に力を抜くことで心をリラックスさせる。
③ 自律訓練法は、すべての公式を実施しないと効果がないとされている。
④ リラクセーションの方法として、音楽、ヨガ、アロマテラピーなども用いられる。

第5問 (6) マインドフルネスに関する次の記述について、最も適切なものを1つだけ選び、解答欄にその番号を記入しなさい。

① マインドフルネスは、瞑想をとおして「今までのこと」を内省的にとらえ、否定的な考えや感情と距離をとり、思考や感情を俯瞰してとらえるようになることを目指す。
② マインドフルネスを実践するための瞑想には3つの技法がある。
③ 集中瞑想では、「今、ここ」に注意をとどめるための集中力を育む。特定の対象に意識をとどめることができるようになることを目指す。
④ 今この瞬間の認知に"気づいている"ための平静さを養うための瞑想が「考察瞑想」である。どんな経験をしても穏やかな落ち着いた心理状態でいる平静さを保てるようにする。

第5問（7） ソーシャルサポートに関する次の記述について、最も適切なものを1つだけ選び、解答欄にその番号を記入しなさい。

① ソーシャルサポートを充実させるためには、人的環境面を整えることと、組織的特性を整えることの2つのアプローチがある。
② サポート源を思い出すだけでも、ソーシャルサポートの有効性が理解できる。
③ 9つの社会的孤立のサインのうち、1つでもあてはまる場合は、ソーシャルサポートが不足している。
④ 社会的孤立のサインの1つに、「人は親切で援助的だとは思えない」がある。

解答欄

第5問（8） ソーシャルサポートの充実の仕方に関する次の記述について、最も適切なものを1つだけ選び、解答欄にその番号を記入しなさい。

① ある人からサポートを受けた場合は、その人は自分のサポート源だという関係を維持することが必要である。
② ソーシャルサポートの充実を阻害する考えに、「自分ひとりで何でもできる」がある。
③ ソーシャルサポートの充実を阻害する考えに、「自分には能力がある」がある。
④ 人見知りが激しかったり、自分の考えや思いを普段から伝える努力をしないと、サポートは得にくくなる。

解答欄

ストレスに対するコーピングに関する次の記述について、最も適切なものを1つだけ選び、解答欄にその番号を記入しなさい。

① ストレス要因によって、コーピングを変えてしまうより、自分の得意とするコーピングを繰り返すほうがよい。
② 情動焦点型コーピングより、問題焦点型コーピングのほうが望ましいので、できる限り問題解決をしていくという考え方が必要である。
③ ストレス物質のうち、身体的興奮を発生させるコルチゾールを消費するためには、有酸素運動が有効である。
④ どうして仕事上のミスを犯したのかを冷静に分析することは良いコーピングではない。

解答欄

コーピングの方法に関する次の記述について、最も適切なものを1つだけ選び、解答欄にその番号を記入しなさい。

① 嫌な仕事を早く片付けることは、情動焦点型コーピングである。
② 何も考えず思い切ってやってみることも、問題焦点型コーピングである。
③ 受けた刺激を嫌だと思わないことは、情動焦点型コーピングである。
④ 大きな問題が起こり不安を軽減するために相談をすることは、問題焦点型コーピングである。

解答欄

【第6問】 次の (1) ～ (5) の設問に答えなさい。

第6問 (1) 相談に関する次の記述について、最も適切なものを1つだけ選び、解答欄にその番号を記入しなさい。

① 仕事上での不安を家族に相談した。
② 相談しても問題が解決しなければ、あまり意味がない。
③ 事業場内の相談窓口は、話した内容が社内に漏れやすいため、できるだけ事業場外の相談窓口を利用したほうがよい。
④ 心身の不調に対しては、上司に相談してもあまり意味はなく、専門家に相談しなければならない。

解答欄

第6問 (2) カウンセリングに関する次の記述について、最も適切なものを1つだけ選び、解答欄にその番号を記入しなさい。

① カウンセリングは、言語を通して行われるコミュニケーションであるため、非言語的な情報はあまり必要とされない。
② カウンセリングを受けることによって、ストレスをためやすい考え方を修正することができる。
③ カウンセラーは、相談に乗ることが主業務となるため、カウンセラーから呼吸法や自律訓練法などを受けることはほとんどない。
④ 小さな悩みの場合は、カウンセリングはあまり有効ではない。

解答欄

第6問 (3) 内省的な思考に関する次の記述について、最も適切なものを1つだけ
選び、解答欄にその番号を記入しなさい。

① 自分の欠点を指摘されることによって、内省的思考が生まれる。
② 内省的な思考は、問題解決に結びつきにくい。
③ カタルシス効果が得られると、内省的な思考が得られやすい。
④ カウンセリングを利用すると、内省的な思考は促進されない。

解答欄

第6問 (4) 話を聞くポイントに関する次の記述について、最も<u>不適切なもの</u>を1
つだけ選び、解答欄にその番号を記入しなさい。

① 共感的な理解を示すことが大切で、間違った行為をしてもその行為を受容する。
② 相手の話を聞くときは、自分が同じ立場だったらという気持ちで聞く。
③ 相手の気持ちを批判せずに、その感情自体は受け入れる。
④ 相手の話を聞きながら、自分の正直な気持ちを伝える。

解答欄

第6問 (5) アサーティブなコミュニケーションに関する次の記述について、最も
適切なものを1つだけ選び、解答欄にその番号を記入しなさい。

① アサーティブなコミュニケーションとは、相手に左右されず常に自分の考えを
主張することである。
② 相手の意見に耳を傾けることは、アサーティブではない。
③ 言いたいことがあるが、相手を気遣い意見を言わないことがアサーティブであ
る。
④ 妥協点を見つけることは、アサーティブな考え方である。

解答欄

【第7問】 次の（1）〜（7）の設問に答えなさい。

第7問（1） 社内資源に関する次の記述について、最も適切なものを1つだけ選び、解答欄にその番号を記入しなさい。

① 50人以上の労働者がいる事業所では、専属の産業医を選任することになっている。
② 50人以上の労働者がいる事業所では、衛生面を管理する衛生管理者がいる。
③ 看護師や保健師などの産業看護職についても、一定規模以上の事業場では法令上の規定で選任することになっている。
④ 人事労務・総務担当者は、メンタルヘルス不調による休職時や職場復帰時にだけ関わることになる。

解答欄	

第7問（2） 社外資源に関する次の記述について、最も適切なものを1つだけ選び、解答欄にその番号を記入しなさい。

① 精神科医や心療内科医は、国が定めた規定により認定されている。
② 精神保健指定医は、措置入院などを行うために必要な資格を持ち、国の定めた要件を満たしている精神科医である。
③ 心理相談担当者は、厚生労働省の健康の保持増進のための「THP（トータルヘルスプロモーションプラン）」のストレス対策を推進しており、厚生労働省が認定している。
④ 臨床心理士は、国家資格であり、心の問題を取り扱う専門家である。

解答欄	

同僚のケアに関する次の記述について、最も適切なものを1つだけ選び、解答欄にその番号を記入しなさい。

①　同僚に仕事のミスや効率の低下などの変化がみられた場合は、まずはそのことを指摘し改善を促す。
②　同僚の話を聴いていて、自分の体験したことに近い内容であれば、積極的にその話をし、誰でも体験しているという安心感を与えることを優先する。
③　同僚のメンタルヘルス不調が疑われる場合は、まずは声をかけてサポートする意思があることを伝える。
④　同僚に話を聴いてもらっても、解決に至らなければあまり意味はない。

解答欄	

医療機関に関する次の記述について、最も適切なものを1つだけ選び、解答欄にその番号を記入しなさい。

①　心に関わる疾患を治療する場合、精神科・心療内科以外の科で診察が必要になることはない。
②　心に関わる疾患を治療する場合は、ほとんどが2～3回程度の受診で終わる。
③　他の身体症状が出現して他科にかかり、異常なしと判断されたものの症状の回復が思わしくない場合は、心の疾患が疑われるケースがある。
④　心に関わる疾患のうち、症状が主に精神の症状として現れるものを扱う科は、心療内科である。

解答欄	

第7問 (5) うつ病の治療に関する次の記述について、**最も適切なもの**を1つだけ選び、解答欄にその番号を記入しなさい。

①　うつ病と診断された場合は、2～3か月間程度は必ず休むことが必要となる。
②　うつ病では、ほとんどのケースで睡眠障害が現れるが、うつ病の回復とともに睡眠障害もなくなるため、睡眠薬は使われない。
③　認知行動療法や交流分析、家族療法などの心理療法を組み合わせれば、薬物療法は必要にならない。
④　不安が強い場合に抗うつ薬と合わせて抗不安薬が使われたり、幻覚・妄想などの精神症状を伴う場合に抗精神病薬が使われることもある。

解答欄

第7問 (6) うつ病の治療に関する次の記述について、**最も<u>不適切なもの</u>**を1つだけ選び、解答欄にその番号を記入しなさい。

①　SSRI（選択的セロトニン再取り込み阻害薬）やSNRI（セロトニン・ノルアドレナリン再取り込み阻害薬）が第一選択剤として使われるが、効果がなければすぐに薬剤が変更される。
②　認知再構成法とは、ものごとの考え方、受け止め方のゆがみを直していこうというものである。
③　うつ病は抗うつ薬だけではなく、抗不安薬や抗精神病薬の投与も行われる。
④　問題解決技法とは、問題を解決するスキルを身に付けていくものである。

解答欄

第7問 (7) うつ病の人の考え方の特徴に関する次の記述について、**最も<u>不適切なもの</u>**を1つだけ選び、解答欄にその番号を記入しなさい。

①　全か無かの思考
②　過度の一般化
③　妄想的思考
④　ネガティブな考え方

解答欄

解答・解説

第1問（各2点×5＝10点）

第1問（1）　正解：①
② 　上位の３つ以外では、男性では「役割・地位の変化等」「会社の将来性の問題」、女性では「雇用の安定性」も多くなっています。
③ 　相談できる相手がいる割合は、女性が男性を上回っています。
④ 　相談できる相手は、男性は「上司・同僚」、女性は「家族・友人」が最も多くなっています。

第1問（2）　正解：④
④ 　「労働者への教育研修・情報提供」は、２番目に多い取り組みです。最も多いのは、「労働者のストレスの状況などの調査（ストレスチェック）」となっています。

第1問（3）　正解：④
④ 　自殺はさまざまな原因からなる現象であり、単一の原因では説明できません。

第1問（4）　正解：②
② 　「労働者の心の健康の保持増進のための指針」の「心の健康づくり計画」で定める事項には、「労働者の職場復帰支援に関すること」は含まれていません。
以下の７つが掲げられています。
（1）事業者がメンタルヘルスケアを積極的に推進する旨の表明に関すること
（2）事業場における心の健康づくりの体制の整備に関すること
（3）事業場における問題点の把握及びメンタルヘルスケアの実施に関すること
（4）メンタルヘルスケアを行うために必要な人材の確保及び事業場外資源の活用に関すること
（5）労働者の健康情報の保護に関すること
（6）心の健康づくり計画の実施状況の評価及び見直しに関すること
（7）その他労働者の心の健康づくりに必要な措置に関すること

第1問（5）　正解：④
④ 　主観的な評価項目と達成目標ではなく、活動の成否が明らかになるように、具体的な数値目標を設定することが必要です。

第2問（1）　正解：①

② 　大脳皮質で認知されたストレッサーの情報が大脳辺縁系に伝達されて、感情が引き起こされます。

③ 　ストレッサーに直面すると、今までの経験に基づいて負担の大きさや苦痛の程度などが大脳皮質で評価されます。

④ 　強いストレッサーに直面すると、交感神経が優位になります。

第2問（2）　正解：③

③ 　過労や睡眠不足などのストレス状態が長く続くと感冒に罹患（りかん）しやすくなるのは、主に免疫系が関係しています。

第2問（3）　正解：①

① ワーク・エンゲイジメントは、「熱意」「没頭」「活力」の3つがそろった状態です。

・「熱意」：仕事に誇りややりがいを感じている

・「没頭」：仕事に熱心に取り組んでいる

・「活力」：仕事から活力を得て活き活きしている

第2問（4）　正解：③

① 　心身症とは、身体疾患のなかで、発症や経過に心理社会的因子が密接に関与し、器質的障害または機能的障害が認められる病態を指します。心の病とは異なり、神経症やうつ病など他の精神障害に伴う身体症状は除外します。

② 　心身症は、心筋梗塞やくも膜下出血などの重篤（じゅうとく）な疾患として起こることもあります。

④ 　心身症に影響を及ぼす心理社会的因子として、職域を中心とした仕事に関連したストレスが重要な視点となります。職場要因が関与していないか、上司のサポートはどうかなど、職場で早期改善に向けた取り組みが求められます。

第2問（5）　正解：②

② 　「注意欠如・多動症（ADHD）」では薬物治療が有効な場合があります。本人の自己理解や環境調整と並行して、早めの診断、薬物療法の可能性の検討が役に立ちます。

③ 　「注意欠如・多動症（ADHD）」の特徴として、設問以外には、集中力や落ち着きがない、ミスや忘れ物が多い、あまり考えず衝動的に行動する、行動や思考がせわしない、段取りが苦手、片付けが苦手、などがあります。

④ 　「自閉スペクトラム症／自閉症スペクトラム障害（ASD）」の特徴として、設問以外には、あいまいな指示を理解できない、得意なテーマの会話が一方的になる、他人との距離がうまくとれない、視線を合わせることが苦手、表情の動きが少ない、予定の変更に柔軟に対応できない、などがあります。

正解：③・・・（A）×　（B）○　（C）×　（D）○

　A．統合失調症は、<u>10代後半から30代前半</u>の若年者に発症しやすいとされています。

　C．適応障害は、ストレッサーに対する<u>個人的な脆弱性や対処能力の問題が推定</u>されるため、ストレッサーの軽減などの環境調整だけではなく、本人の脆弱性やストレス対処能力を高めることも重要となります。

第2問 (7)　正解：②

　②　雇用関係での障害者差別禁止・合理的配慮の提供に関しては、障害者雇用促進法（2018年改正）に委ねられています。

第2問 (8)　正解：④

　④　約45%ではなく、<u>37.2%</u>です。内訳は部長級6.9%、課長級11.4%、係長級18.9%で、課長級以上はまだ少ない状況です。

第3問（1）　正解：④
① 血糖値を下げて代謝バランスをゆがめるのではなく、血糖値を上げて高血糖状態になることで代謝バランスをゆがめます。
② 不健康な生活スタイルは、高血圧症、脂質異常症、糖尿病をさらに悪化させます。そして、交感神経系の亢進と生活習慣の不健康の両方から作用を受け、健康障害が発症しやすくなります。
③ 将来にわたって労働できる状態でなくなった場合（永久的労働不能状態）も、過労死に含まれます。

第3問（2）　正解：④
④ 厚生労働省が発表した「令和元年度定期健康診断結果」では、有所見率は56.6%まで上昇しています。

第3問（3）　正解：②
① 安全配慮義務は、従来は、法律上明文の定めがなく、判例法理として認められてきました。しかし、2008年3月1日から施行された労働契約法によって、労働者の安全への配慮が明文化されました。
③ 安全配慮義務は、労働者自らが行う努力義務ではなく、事業者が労働者に対して安全に配慮する義務です。
④ 安全配慮義務の及ぶ範囲は、拡大される傾向にあります。

第3問（4）　正解：④
① 労働安全衛生法で、健康診断の受診義務が規定されています。
② 通知された健康診断の結果および保健指導を利用して、労働者がその健康の保持に努めることは、保健指導後の健康管理義務といいます。健康診断の受診義務は、事業者が行う健康診断を受けなければならない義務のことをいいます。
③ 事業者の指定した健康診断を希望しない場合は、労働安全衛生法の規定による健康診断を受け、その結果を証明する書面を事業者に提出することで、健康診断の受診義務を果たしたことになります。

第3問（5）　正解：③
③ 健康診断で指摘された異常値に対する健康回復行動は、保健指導後の健康管理義務であり、自己保健義務に含まれます。

第4問（1）　正解：①

① 「違法行為を強要された」は、心理的負荷の強度が「Ⅱ」とされています。なお、違法行為にかかわる業務に関連し、心理的負荷の強度が「Ⅲ」とされる具体例として、次の4つが示されています。

・重大な違法行為（人の生命に関わる違法行為、発覚した場合に会社の信用を著しく傷つける違法行為）を命じられた。

・反対したにもかかわらず、違法行為を執拗に命じられ、やむなくそれに従った。

・重大な違法行為を命じられ、何度もそれに従った。

・強要された違法行為が発覚し、事後対応に多大な労力を費やした（重いペナルティを課された等を含む）。

第4問（2）　正解：④

④ 設問のとおりです。

第4問（3）　正解：③

③ その人が「どのような感情か」に規定されるものではありません。その人がその状況を「どう認知するか」によって規定されます。

第4問（4）　正解：④

④ 行動面の変化の場合、反応が異変として発生することがあり、周囲の人が気づきやすくなります。特に、出勤状態は客観的なデータとして職場で把握しやすいものになります。

第4問（5）　正解：③

① 「逃避」は、行動面の急性反応です。

② 「疲労」は、身体面の慢性反応です。

④ 「無気力」は、心理面の慢性反応です。

第4問（6）　正解：①

① 外部の基準に照らし合わせたり、他者と比較して違いを捉えることではなく、自分自身の内的な変化を時系列に捉えることがポイントになります。自分の仕事内容や仕事量などが変わっていないのに、自分の時間外労働時間が増えているなどの変化を捉えることが大切です。

第4問（7）　正解：②

① 問題に対して必ず解決しようとすると、周囲と摩擦を生じたり、解決できずに燃えつきてしまうこともあります。問題解決を図ることは重要ですが、「必ず解決する」などあまりに強すぎる考えはよくありません。

③　問題が発生した都度、上司など他者に解決してもらうと、常に問題から逃げたり、問題解決能力が備わらなくなることもあります。上司に相談することは重要ですが、すべて任せるのではなく、自分でも解決を試みるコーピングも必要です。

④　問題が解決しにくい場合や解決に長期間かかる場合などは、その間にストレス反応が現れることもあります。しかし、問題が生じたからといって、すぐにストレス反応に意識を向けるのではなく、まずは、問題解決に向けた努力をしてから、意識を向けることが必要です。

第4問（8）　正解：②

②　「業務に関連し、重大な人身事故、重大事故を起こした」は、心理的負荷の強度Ⅲとなっています。

第4問（9）　正解：③

①　4つについて要チェックの数が多い場合、「身体的ストレス反応」も要チェックとなる確率が高まります。

②　4つについてチェックの数が多い場合、「心理的ストレス反応」も要チェックとなる確率が高まります。

④　要チェックが4つの場合だけでなく、2つの場合でも、要チェックがない場合と比較して、「心理的ストレス反応」と「身体的ストレス反応」がともに要チェックとなる確率が高まります。

第4問（10）　正解：③

③　職業性ストレス簡易調査票では、うつ病などの精神疾患は診断できません。

第5問 (1)　正解：②

② 「免疫系」ではなく、「自律神経系」です。

第5問 (2)　正解：③

① 毎日同じ時刻に寝るのではなく、同じ時刻に起きることが推奨されています。

② 寝る前は寝床で過ごさずに、自然に眠くなってから寝床につくようにします。

④ 休日に遅くまで寝床で過ごすと、翌日の朝が楽になるのではなく、つらくなります。

第5問 (3)　正解：①

① 運動により睡眠の質を改善でき、「寝つきをよくする」「睡眠を長くできる」「睡眠を深くする」などが挙げられます。

第5問 (4)　正解：②

② 能動的態度ではなく、受動的態度で行うことが必要になります。

第5問 (5)　正解：④

① 心身をリラックスさせるためには、腹式呼吸がよいとされています。

② 徐々に力を抜くものではなく、一気にストンと抜き、筋肉の緊張と弛緩の感覚の差を大きくすることで、心をリラックスさせます。

③ すべての公式を実施しなくても、重感練習と温感練習だけでも十分とされています。

第5問 (6)　正解：③

① 瞑想をとおして「今、ここ」に意識を向け、否定的な考えや感情と距離をとり、思考や感情を俯瞰してとらえるようになることを目指す。

② マインドフルネスを実践するための瞑想には2つの技法があります。「集中瞑想」と「洞察瞑想」です。

④ 「考察瞑想」ではなく「洞察瞑想」です。今この瞬間の経験に"気づいている"ための平静さを養います。どんな経験をしても穏やかな落ち着いた心理状態でいる平静さを保てるようにします。

第5問 (7)　正解：④

① 人的環境面を整えることと、もう一つは組織的特性を整えることではなく、個人的特性を整えることです。

② サポート源を思い出すだけでは、サポートの有効性を理解することは困難です。その人が自分とどのくらい近いところにいるのか、どのようなサポートを与えてくれているのかを把握することで、理解が深まります。

③　社会的孤立のサインが１つでもあてはまったからといって、<u>サポート源が不足</u>
<u>していることにはなりません</u>。あてはまる数が多いほど、サポート源がより不足
していることになります。

第５問（8）　正解：④
①　サポートをしてくれた人を、自分のサポート源と決めつけることはよくありま
せん。<u>自分も相手のサポート源になるような人間関係が必要</u>となり、<u>ギブアンド</u>
<u>テイクの考え方</u>が大切です。
②「自分ひとりで何でもできる」ではなく、「<u>自分ひとりでは何もできない</u>」があ
ります。
③　「自分には能力がある」ではなく、「<u>自分には能力がない</u>」があります。

第５問（9）　正解：③
①　<u>ストレス要因によってコーピングを使い分ける</u>ことが必要です。自分の得意と
するコーピングを繰り返すだけでは、コーピングのスキルが高まりません。
②　問題解決に向けた努力は必要ですが、何がなんでも解決するという考え方では
なく、問題の軽減を試みたり、情動焦点型コーピングも取り入れるなど、<u>さまざ</u>
<u>まなコーピングを組み合わせる</u>ことが大切です。
④　冷静に分析し、再度ミスをしないようにすることは<u>良いコーピング</u>となります。

第５問（10）　正解：②
①　嫌な仕事を早く片付けることは、<u>問題焦点型</u>コーピングです。
③　受けた刺激を嫌だと思わないことは、<u>問題焦点型</u>コーピングです。
④　助言を得て問題解決を図ることを目的にした相談であれば、問題焦点型コーピ
ングとなります。しかし、<u>不安を軽減</u>したり、<u>大変さやつらい気持ちをわかって</u>
<u>もらう</u>ことが目的の相談であれば、<u>情動焦点型コーピング</u>となります。

第6問 (1) 正解：①

② 相談による効果は、問題解決だけではありません。相談に乗ってくれる人がいることや、相手が自分を理解してくれることで、孤独感や不安な気持ちが軽減する効果があります。また、話をしてすっきりするなどカタルシス効果もあります。

③ 事業場内の相談窓口であっても、事業場外の相談窓口であっても、基本的に、相談内容が社内に漏れることはありません。

④ 心身の不調が仕事上のストレス要因によって発生していることもあります。上司に相談することによってストレス要因が軽減し、その結果、心身の不調が軽減することもあります。

第6問 (2) 正解：②

① カウンセリングは、言語だけではなく、声のトーンや言葉以外のしぐさ、表情や態度など、非言語的な情報も大切な要素となります。

③ カウンセラーから呼吸法や自律訓練法などを受けることもあります。カウンセリングの1つのメリットになります。

④ 問題や悩みが小さくても、小さいうちに解決したり、軽減を図ることが何よりも大切になります。問題や悩みが大きくなる前にも、カウンセリングはとても効果があります。

第6問 (3) 正解：③

① 自分の欠点を指摘されたときのほか、非難や叱責、攻撃などを受けているときは、内省的思考になりにくくなります。安心・安全な場で、自分や自分の悩みを理解してくれたときに、内省的な思考になりやすくなります。

② 内省的な思考により、問題解決が図られやすくなります。

④ カウンセリングを利用すると、内省的な思考が促進されます。

第6問 (4) 正解：①

① 行為に至った気持ちや感情を理解して、その感情を受容することは必要ですが、間違った行為を安易に受容することは適切ではありません。

第6問 (5) 正解：④

① 自分の考えや意見を主張することは大切ですが、相手を尊重しないことは、アサーティブではありません。自分の考えを主張すると同時に、相手に対しても配慮をしていきます。

② 自分の意見を伝えた後に、相手の意見に耳を傾けることも、アサーティブとして大切です。

③ 言いたいことがあるのに相手を気遣うあまり意見を言わないのは、非主張的な態度であり、アサーティブな態度ではありません。

第7問（1）　正解：②

① 労働者が 1,000 人以上いる事業場、または、有害業務のある労働者が 500 人以上の事業場で、専属の産業医を選任することになっています。

③ 産業看護職について、法令上の規定はありません。

④ 人事労務・総務担当者は、メンタルヘルス不調による休職時や職場復帰時だけに関わるのではなく、日ごろから事業場の衛生管理に関わります。

第7問（2）　正解：②

① 精神科医や心療内科医は、各学会組織の専門医・認定医制度により認定されています。

③ 心理相談担当者は、「THP（トータルヘルスプロモーションプラン）」のストレス対策を推進しており、中央労働災害防止協会が認定しています。

④ 臨床心理士は、心の問題を取り扱う専門家であり、日本臨床心理士資格認定協会が認定しています。

第7問（3）　正解：③

① 仕事のミスや効率の低下などをすぐに指摘することは適切ではありません。「ミスをしてしまうほど落ち込んでいるかもしれない」と考えて、サポートすることが重要となります。

② 積極的に自分の話をすることは適切ではありません。優先すべきは「聞き役」になり、同僚の気持ちを理解するように努めることです。

④ 解決に至らなくても、話を聴いてもらうだけで気持ちが楽になることもあります。

第7問（4）　正解：③

① 心に関わる疾患を治療する場合、精神科・心療内科以外の科で診察が必要になることもあります。

② 心に関わる疾患を治療する場合は、2～3回程度の受診で終わらず、回数が必要になることが多いです。

④ 症状が主に精神の症状として現れるものを扱う科は、精神科です。心療内科は、症状が主に身体に現れるものを扱う科です。

第7問（5）　正解：④

① うつ病と診断されても、すべてのケースで2～3か月間程度休むことが必要というものではありません。数日程度休めばよいものもあり、病気の程度によって、どの程度の期間必要かが異なります。

② 生活リズムを確立し、しっかり休養をとるためにも十分な睡眠が必要ですので、睡眠薬が使われることがよくあります。

③　うつ病には、心理療法も効果はありますが、<u>心理的な治療だけで治療をすることはできません</u>。

第7問（6）　正解：①

①　抗うつ薬はゆっくり効果が出ます。このため、2〜4週間服用し、<u>経過をしばらく見てから、効果がなければ増量して、さらに2〜4週間経過を見ていき、効果がなければ薬剤の変更を検討していきます</u>。

第7問（7）　正解：③

③　うつ病の人の考え方の特徴に、<u>「妄想的思考」</u>というものはありません。なお、設問のほかに、「破局的なものの見方」「〇〇すべきという思考」などがあります。

索引

【著者紹介】

●見波 利幸（みなみ としゆき）

大学卒業後、外資系コンピュータメーカーなどを経て、98 年に野村総合研究所に入社。メンタルヘルスの黎明期より管理職向けの 1 日研修を実施するなど日本のメンタルヘルス研修の草分け的な存在。また、カウンセリングや職場復帰支援、カウンセラー養成の実技指導、海外でのメンタルヘルス活動など活動領域は多岐にわたる。2015 年一般社団法人日本メンタルヘルス講師認定協会の代表理事に就任し、メンタルヘルス講師の養成に尽力している。

一般社団法人日本メンタルヘルス講師認定協会
http://www.j-mot.or.jp/

〈所属〉
・一般社団法人日本メンタルヘルス講師認定協会　代表理事
・日本産業ストレス学会　正会員
・日本産業カウンセリング学会　正会員
・日本産業カウンセラー協会　正会員（シニア産業カウンセラー）
・中央労働災害防止協会　心理相談員（ＴＨＰ指導者）
・2 級キャリアコンサルティング技能士

〈著書〉
・『なぜか、やる気がそがれる問題な職場』青春出版社
・『心を折る上司』KADOKAWA
・『究極のモチベーション』清流出版
・『上司が壊す職場』日本経済新聞出版
・『やめる勇気』朝日新聞出版社
・『心が折れる職場』日本経済新聞出版
・『劣化するシニア社員』日本経済新聞出版
・『「新型うつ」な人々』日本経済新聞出版
・『メンタルヘルス・マネジメント® 検定試験Ⅱ種（ラインケアコース）重要ポイント＆問題集』日本能率協会マネジメントセンター
・『メンタルヘルス・マネジメント® 検定試験Ⅰ種（マスターコース）重要ポイント＆問題集』日本能率協会マネジメントセンター
　他、多数

【共同執筆者】

●佐藤 一幸（さとう かずゆき）

1960 年生まれ。1984 年から NEC ソリューションイノベータ株式会社に所属している。PC の開発等を経て、プロジェクトマネジメントの経験を活かしながら「一人ひとりが充実感を得て楽しく活躍できる、パフォーマンスが高いチームにするには何が必要か」を主なテーマに 20 年以上企業研修の講師を続け、また人材育成コンサルタントとして企業の社員育成に取り組んでいる。
メンタルヘルスマネジメント、モチベーションマネジメントの他に、伝える技術、IT プロジェクトのマネジメントを専門にしている。

〈主な所属団体資格など〉
・一般社団法人日本メンタルヘルス講師認定協会 理事／認定マスター講師
・一般社団法人日本産業カウンセラー協会 産業カウンセラー
・一般社団法人日本睡眠教育機構 上級睡眠健康指導士